ÉPÎTRE
SUR LES PROPHÉTIES

DANS LA MÊME COLLECTION

JACQUES DE VITERBE, *L'âme, l'intellect et la volonté*, édition bilingue, introduction, traduction et notes par A. Côté, 240 pages.

JEAN DUNS SCOT, *Signification et vérité. Questions sur le traité* Peri hermeneias *d'Aristote*, édition bilingue, introduction, traduction et notes par G. Sondag, 300 pages.

HENRI DE GAND, *Sur la possibilité de la connaissance humaine*, édition bilingue, introduction, traduction et notes par D. Demange, 256 pages.

HENRI DE GAND, MATTHIEU D'AQUASPARTA, RICHARD DE MEDIAVILLA, PIERRE DE JEAN OLIVI, *Les anges et le lieu*, introduction par T. Suarez-Nani, textes latins, traductions et notes par T. Suarez-Nani, O. Ribordy, Ph. Schultheiss, G. Evangelista et G. Lardelli, 288 pages.

JEAN GERSON, *Sur la théologie mystique*, édition bilingue, introduction, traduction et notes par M. Vial, 240 pages.

GUILLAUME D'OCKHAM, *Intuition et abstraction*, édition bilingue, introduction, traduction et notes par D. Piché, 272 pages.

GUILLAUME D'OCKHAM, *Traité sur la prédestination et la prescience divine des futurs contingents*, édition bilingue, introduction, traduction et notes par C. Michon, 258 pages.

PIERRE DE JEAN OLIVI, *La matière*, édition bilingue, introduction, traduction et notes par T. Suarez-Nani, C. König-Pralong, O.Ribordy et A. Robiglio, 360 pages.

THOMAS D'AQUIN et BOÈCE DE DACIE, *Sur le bonheur*, édition bilingue, introduction, traduction et notes par R. Imbach et I. Fouche, 176 pages.

THOMAS D'AQUIN, *Le maître. Questions disputées sur la vérité. Question XI*, édition bilingue, introduction par R. Imbach, traduction et notes B. Jollès, 280 pages.

THOMAS D'AQUIN, *La royauté, au roi de Chypre,* édition bilingue, introduction, traduction et notes par D. Carron avec la collaboration de V. Decaix, 294 pages.

Translatio
Philosophies Médiévales
Directeurs : Jean-Baptiste BRENET et Christophe GRELLARD

AVICENNE (?)

ÉPÎTRE SUR LES PROPHÉTIES

Introduction par

Olga Lucia LIZZINI

traduction et notes par

Jean-Baptiste BRENET

PARIS
LIBRAIRIE PHILOSOPHIQUE J. VRIN
6 place de la Sorbonne, Ve

2018

Imprimé en France
ISSN 2430-7718
ISBN 978-2-7116-2774-5
www.vrin.fr

LE LANGAGE DE DIEU : RÉVÉLATION ET PROPHÉTIE CHEZ AVICENNE

I. *Révélation et prophétie. Les définitions*

Ia. *Révélation et prophétie en Islam.* Une distinction terminologique est généralement présentée comme centrale dans les études de théologie islamique : la communication entre le monde divin et l'homme est exprimée éminemment par deux termes : *ilhām* et *waḥy*. Le terme *ilhām* est lié à l'idée d'une révélation interne, individuelle (non sociale ou politique) et très souvent non exprimée par la langue, ce qui la rapproche de l'inspiration [1]. Le terme *waḥy*, en

1. La seule occurrence coranique du verbe – dont la signification primaire est *faire avaler* – est Cor. 91, 8. Pour le terme, *cf.* D. B. MacDonald (1971), « Ilhām », in *Encyclopédie de l'Islam*, 2 e éd., Brill, Leiden, 1954-2009 (dorénavant : *E.I.* 2). Voir aussi S. Wild, « "We have sent down to thee the book with the truth". Spatial and temporal implications of the Qur'anic concepts of nuzūl, tanzīl, and 'inzāl », *in* S. Wild (ed.), *The Qur'an as Text*, Leiden-New York-Köln, Brill, 1996, p. 138. *Ilhām* est utilisé avec le sens d'« inspiration » par al-Ġazālī dans le *Munqiḏ min al-ḍalāl*, ce qui selon M. Afifi al-Akiti, dépendrait d'Avicenne ; *cf.* M. Afifi al-Akiti, « The Three Properties of Prophethood in Certain Works of Avicenna and Al-Gazālī », *in* J. McGinnis, with the assistance of D.C. Reisman (ed.), *Interpreting Avicenna : Science and Philosophy in Medieval Islam*. Proceedings of the Second Conference of the Avicenna Study Group, Leiden-Boston, Brill, 2004, p. 189-212, ici p. 198 et p. 198, n. 27.

revanche, s'il indique parfois une inspiration ou une correspondance qui peut se réaliser aussi en dehors du langage (c'est le cas de *Coran* VII, 117 où Moïse sait par *waḥy* ce qu'il doit faire : jeter sa canne devant les mages égyptiens; *cf.* Cor. XX, 69; XXVII, 10), est généralement traduit par « révélation » et désigne une communication qui concerne en premier lieu la volonté divine et passe ou peut passer par la langue (et en particulier l'arabe), tout en suggérant l'idée d'une diffusion du message divin, et donc d'une communication ultérieure, puisque le message communiqué par *waḥy* concerne en principe l'humanité tout entière [1]. C'est le cas, par exemple, de Cor. XVIII, 27, l'un des versets qui affirme que le Coran – dont on ne peut pas changer les mots – est à lire ou réciter [2]. A l'idée de la communication s'ajoute celle de l'incitation. Comme la littérature critique l'a déjà remarqué, l'ordre de diffuser le message reçu implique en effet que la révélation soit non seulement un message mais aussi une invitation à l'action [3]. Et en ce sens, d'ailleurs, celui d'une incitation ou d'un guide pour l'action, la révélation n'est pas exclusivement pour l'homme. Ce ne sont pas seulement les prophètes (Muḥammad, bien sûr, mais aussi Jésus, en Cor. V, 11; IV, 163, et les autres : VI, 163; en II, 31 Dieu "enseigne" ou fait connaître « tous les noms », « les noms de toutes les choses à Adam » : *wa-'allama adama al-asmā'a kulla-hā*) ou les anges (Cor. VIII, 12) qui reçoivent la révélation

1. *Cf.* A. J. Wensinck-A. Rippin, « Waḥy », in *E.I.* [2]; A. Saaed, « Revelation », *in* O. Leaman (ed.), *The Qur'an : an Encyclopedia*, New York, Routledge, 2007, p. 540-543.

2. Avec ce verset d'autres sont à mentionner : *cf.* par ex. Cor. XIII, 30; XVII, 106; XXXVI, 5-6; LXXV, 16-18.

3. T. Izutsu, *God and Man in the Koran. Semantics of the Koranic Weltanschauung*, Tokyo, The Keio Institute of Cultural and Linguistic Studies, 1964, p. 180; *cf.* A. J. Wensinck-A. Rippin, « Waḥy ».

(celle-ci est aussi destinée aux *ǧinn*; *cf.* Cor. VI, 130, et 112), mais également les êtres humains (la mère de Moïse en Cor. XXVIII, 7), des animaux (les abeilles), et diverses réalités naturelles : les abeilles ont ainsi reçu par révélation (*awḥā*) la « sagesse » avec laquelle elles bâtissent les ruches (Cor. XVI, 68) [1]; une révélation aura lieu pour la terre au moment de l'Heure (Cor. XCIX, 4-5), et par révélation le ciel et la terre ont été avertis de leur tâche universelle (Cor. XLI, 12). Une certaine ambiguïté existe par ailleurs quant au sujet ou à la source de la révélation : même les démons (*al-šayāṭīn*) peuvent inspirer ou révéler quelque chose, aux hommes comme aux *ǧinn*, quand il s'agit évidemment de choses négatives (*cf.* encore Cor. VI, 112) [2]. La littérature critique distingue ainsi à propos du terme *waḥy* – jugé difficile à traduire sinon à comprendre (71 occurrences du verbe *awḥā*, dont seulement trois concernent le *Livre*) [3] – entre une révélation interne, qui ressemble à

1. L'utilisation de *awḥā* « révéla » pousse parfois les commentateurs à une interprétation plus ample du terme, en général dans le sens de *ilhām*; *cf.* O. Lizzini, « Organizzazione, gerarchia e divina ispirazione. Brevi note sulle api nell'Islam », *in* A. Calanchi, L. Renzi, S. Ritrovato (éd.), *Le api tra realtà scientifica e rappresentazione letteraria e artistica* (Atti del Convegno di Studi, Urbino, 28-29 ottobre 2009), München, Meidenbauer, 2011, p. 205-207.

2. *Cf.* Cor. VI, 121; XIX, 83; XXIII, 97; XXVI, 221-223; XXXV, 6; *cf.* XXVI, 212-213; XV, 17-18. Pour *šayṭān* et *waswās*, *cf.* T. Fahd, A. Rippin, « Shayṭān », in *E.I.* [2]; A. Rippin, « Devil », *in* J. D. McAuliffe (ed.), *Encyclopaedia of the Qur'ān*, I, Leiden-Boston, Brill, 2001, p. 524-528; I. Zilio-Grandi, « Satan », *in* M. A. Amir-Moezzi (dir.), *Dictionnaire du Coran*, Paris, R. Laffont, 2007, p. 790-793; I. Zilio-Grandi, *Il Corano e il male*, Torino, Einaudi, 2002; T. Fahd, « Anges, démons et djinns en Islam », in *Génies, anges et démons. Egypte. Babylone. Israël. Islam. Peuples altaïques. Inde. Birmanie. Asie du Sud-Est. Tibet. Chine*, Paris, Seuil, 1971, p. 153-213.

3. *Cf.* encore A. J. Wensinck, A. Rippin, « Waḥy » : « Chercher un sens unique pour ce mot semble une tâche désespérée car les situations

l'inspiration des poètes et n'est donc pas loin du *ilhām*, auquel nous avons fait référence, et une révélation qui, venant de l'extérieur, est reçue – par les prophètes, quand on l'entend au sens propre – par « descente » (*tanzīl*). Et cette distinction a aussi été lue (par Izutsu notamment) comme une différence entre un usage pré-technique du terme – où les mots n'ont pas de valeur rigoureuse – et un sens technique du terme où, en revanche, le message est une parole adressée (l'exemple majeur étant Cor. VII, 117; XIII, 30, 75, 16). Dieu n'adresse la parole à personne sinon par révélation (Cor. XLII, 51) et *waḥy* indique une communication divine dont le sens et les modalités peuvent apparaître étranges, voire absurdes ou exotiques, à un tiers, tout en étant clairs et sensés pour celui (ou ceux) à qui la révélation est adressée.

Cette adresse de la parole ne signifie pas, toutefois, qu'on soit dans le domaine fluctuant et incertain de la communication orale : la révélation est un « texte »[1], et, comme l'ont souligné les études, c'est même la sacralité du texte qui explique plusieurs aspects de la culture

dans lesquelles il est utilisé ne permettent pas de faire entrer son usage dans un schéma unique ».

1. La récitation (le Coran) est un livre, voire Le Livre (*al-kitāb*), *cf.* Cor. XXXII, 2; XXXIX 1; XLII, 52. Si le Coran est considéré comme un « texte » (unique, absolu et divin selon la tradition islamique qui, du coté sunnite, lui donne même le statut d'incréé), sur le plan historique plusieurs questions sont impliquées (quelle est l'origine du texte, par exemple ?). *Cf.* au moins A. Neuwirth, *Der Koran als Text der Spätantike. Ein europäischer Zugang*, Berlin, Suhrkamp, 2010 et A. L. de Prémare, *Aux origines du Coran. Questions d'hier, approches d'aujourd'hui*, Paris, Téraèdre, 2004 (à lire avec l'introduction de C. Bori à l'édition italienne, *cf.* « Un caos senza speranza ? Studiare il Corano oggi », *in* A. L. de Prémare, *Alle origini del Corano*, Roma, Carocci, 2014, p. 11-59). Pour une introduction générale, *cf.* par ex. M. Cook, *The Koran. A very short Introduction*, Oxford, Oxford University Press, 2000.

islamique : le caractère absolu et presque « physique » que certaines interprétations attribuent à la parole coranique, la centralité de toutes les disciplines relatives au langage, la connotation religieuse de la grammaire [1]. Mais si un texte se lit, se récite, au texte de la Loi, d'abord, on obéit. Or, écouter est la prémisse de l'obéissance, et la révélation – qui transmet la loi – est elle-même, parfois, appelée *l'écoute* : *al-ṣam'* [2].

Quoi qu'il en soit, le terme réservé à la communication de Dieu avec l'homme, celui qui est toujours considéré

1. Théologie et grammaire sont toutes les deux des « sciences islamiques » (par opposition aux disciplines « étrangères » comme, par exemple, la logique et la philosophie) ; elles sont, comme on le remarque généralement, liées étroitement à la Révélation (parole divine en « langue arabe claire »). A propos de la connotation religieuse de la grammaire, il faut mentionner le fameux débat qui eut lieu à Bagdad en 932 entre le logicien Abū Bišr Mattā et le grammarien al-Sīrāfī. Le sens ultime de ce débat est la signification même de la logique : y a t-il une logique universelle indépendante des langues ou faut-il concevoir la logique toujours comme dépendante de la langue qui l'exprime ? V. D. S. Margoliouth, « The Discussion Between Abū Bishr Mattā and Abu Sa'īd al-Sīrāfī on the Merits of Logic and Grammar », *Journal of the Royal Asiatic Society* (*The Journal of the Royal Asiatic Society of Great Britain and Ireland*), 37 (1905), p. 79-129 ; M. Mahdi, « Language and Logic in Classical Islam », *in* G. E. von Grunebaum (ed.), *Logic in Classical Islamic Culture*, Wiesbaden, Harrassowitz, 1970, p. 51-83 ; K. Versteegh, *The Arabic Linguistic Tradition*, London-New York, Routledge, 1997, p. 52-63.

2. J. Van Ess, « Verbal Inspiration ? Language and Revelation in Classical Islamic Theology », *in* S. Wild (ed.), *The Qur'an as Text*…, p. 193 (et *cf.* J. Van Ess, *Theologie und Gesellschaft* IV, Berlin-New York, de Gruyter, 1996, p. 612-625 où l'auteur reprend les mêmes idées et donne des références bibliographiques précises). Une interprétation philosophique de l'obéissance est à repérer dans l'*Épître sur la prosternation* d'al-Kindī ; *cf.* R. Rashed, J. Jolivet (éd.), *Œuvres philosophiques et scientifiques d'al-Kindī*, vol. 2, Leiden-Boston-Köln, Brill, 1998, p. 177-199. J'ai donné une traduction italienne du texte avec une introduction dans G. Agamben, E. Coccia (dir.), *Angeli*, Vicenza, Neri Pozza, 2009, p. 1744-1745 et 1754-1775.

comme essentiel à l'idée de révélation divine, et qui donc légitime tous les autres, est *tanzīl*[1]. Ce terme – un *maṣdar* qui, comme tel, est absent du Coran – renvoie plus ou moins directement aux vocables utilisés dans le Coran lui-même : *nazala* (auquel *nuzūl* correspond plus proprement), *nazzala* qui se rapporte à *tanzīl* de façon directe, et *anzala* (auquel *inzāl* se rattache) ; il indique littéralement la descente du message divin, le résultat de cette descente, et donc le processus de la révélation. En théologie, en effet, on distingue aussi les signes de la révélation – voire les expériences théo-pathiques qui accompagnent la révélation et qui, en un certain sens, coïncident avec elle –, et les occasions ou circonstances de la révélation, ou des révélations (*asbāb al-tanzīl*). Car c'est également à propos des circonstances impliquées par le message céleste et sa réception que l'on sépare, d'un côté, la révélation elle-même et la descente du message divin, de l'autre, l'inspiration (*ilhām*). En ce sens, *tanzīl* – qui a comme un correspondant dans le terme *ta'wīl*[2], normalement utilisé pour exprimer l'interprétation du texte – devrait contenir une référence implicite à la source. A suivre le terme *tanzīl*, la révélation est conçue non pas comme le dévoilement d'une vérité, mais comme ce qui est *envoyé d'en haut* ou ce qu'on a *fait descendre*[3]. Comme on l'a

1. S. Wild, « "We have sent down to thee…" », p. 138-140 *sq*. Pour une synthèse efficace, *cf.* D. Gril, « Révélation et inspiration », *in* M. A. Amir-Moezzi (dir.), *Dictionnaire du Coran*, p. 749-755.

2. Sur cette correspondance (*ta'wīl* serait littéralement : faire remonter jusqu'à l'origine du sens et donc, finalement, à ce qui est premier : *awwal*), Henry Corbin a insisté : *Histoire de la philosophie islamique*, Paris, Gallimard, 1986, p. 35 ; *cf.* aussi I. Poonawala, « *Ta'wīl* », in *E.I.* [2].

3. S. Wild, « "We have sent down to thee"… », p. 137 et p. 141 : « the terms *nuzūl, tanzīl*, and *'inzāl*, only make sense in a space in which there is an above and a below » ; *cf.* aussi p. 145 : « Later Muslim Theology and

remarqué, le terme a donc une dimension spatiale liée à l'idée d'un monde divisé en une partie céleste et supérieure et une partie inférieure qui est celle du monde [1] (même si, dans certains versets, ce sont les démons eux-mêmes qui « descendent » : v. par ex. Cor. XXVI, 221-222). Par conséquent, si un caractère fondamental est ici celui qui est lié au langage – Dieu fait descendre la révélation en forme de message et toujours dans la langue qui est comprise et parlée par le récepteur (Cor. XLII, 51 ; XIV, 4 ; VI, 7 ; IV, 153 ; XII, 2 ; XX, 113 ; XVI, 103) –, l'idée de la descente est ce qui explique la communication même. Le lien entre la parole de Dieu (*kalām Allāh*) et le livre, d'ailleurs explicitement indiqué dans le Texte sacré (Cor. XVII, 106 ; XX, 4 ; XXVI, 192 ; XXXII, 2 ; XXXIX, 1 ; XL, 2 ; XLI, 2 ; XLII ; XLV, 2 ; XLVI, 2 ; IX, 6), est donc connoté – comme Wild l'a remarqué – d'une dimension spatiale qui renvoie à une véritable topographie métaphysique.

Ib. *Révélation, prophétie et philosophie*. Repérer les points essentiels affectés par les distinctions de la théologie ne signifie pas épuiser le discours sur la révélation. La théologie n'a pas eu, du moins au début, une théorie cohérente (« a consistent theory ») de la révélation et ce n'est qu'avec les philosophes que, comme Van Ess l'a

piety introduced further spatial dimensions derived from the concept of *'inzāl*, and *tanzīl* : some verses of the Qur'anic text with a special importance came directly from God's throne, which implied that others did not ».

1. A. de Biberstein-Kazimirski, (*Dictionnaire Arabe-Français*, Paris, Maisonneuve, 1860, imprimé par Librairie du Liban, Beyrouth, *s.v.*) donne « descendre d'un endroit plus élevé sur un autre plus bas », à l'origine par exemple descendre du cheval. Voir aussi Y. Michot, « Revelation », *in* T. Winter (ed.), *The Cambridge Companion to Classical Islamic Theology*, Cambridge, Cambridge University Press, 2008, p. 180-196 ; S. Wild, « "We have sent down to thee ..." ».

remarqué, la révélation fut soumise à un véritable examen théorique[1]. C'est à la philosophie surtout qu'est revenu de s'interroger sur la révélation en tant que telle, et cela aussi parce que, pour la tradition islamique, à la différence des autres religions monothéistes, c'est la lettre même du message qui est révélée[2]. En d'autres termes, c'est la philosophie qui a vu dans la prophétie une véritable question, un problème à résoudre. En effet, si dès son origine la philosophie s'est fixé comme objectif d'expliquer le monde, la philosophie exprimée en langue arabe a d'emblée dû elle-même, pour ainsi dire, redoubler sa propre tâche. A coté du *fait* du monde – de son origine et de son fonctionnement –, la philosophie arabe a dû répondre à la question, ou pour mieux dire à l'ensemble des questions, que le *fait* de la révélation pose[3] : quel sens a-t-elle ?

1. J. Van Ess, « Verbal Inspiration ?... », p. 189 : « In early Islam, revelation as such was not the object of a consistent theory; for this we have to wait until the time of the philosophers, especially Ibn Sīnā ».

2. On se refère ici au caractère verbal, littéral de la révélation islamique. Cela dit, interpréter la révélation est bien sûr une tâche que la philosophie se donne aussi dans les contextes juif et chrétien, comme toujours quand la question de reconnaître (ou de démentir) la vérité religieuse se pose. Pourtant, la révélation coranique a un caractère de révélation littérale que les traditions religieuses juives et chrétiennes ne reconnaissent que différemment ou en partie. A propos des rapports entre révélation et philosophie, en général et dans le monde chrétien, voir S. Widenhofer, *s.v.* « Offenbarung », *in* P. Eicher (éd.), *Neues Handbuch theologischer Grundbegriffe*, vol. 4, Kösel, III, München p. 270-287, avec bibliographie [éd. 1991, IV, p. 98-115] ; W. J. Abraham, « Revelation », *in* I. McFarland-D.A.S. Fergusson, K. Kilby, I.R. Torrance (eds.), *The Cambridge Dictionary of Christian Theology*, Cambridge, Cambridge University Press, 2011, p. 445-447. Pour le monde juif, *cf.* H. Kreisel, *Prophecy. The History of an Idea in Medieval Jewish Philosophy*, Dordrecht, Kluwer, 2001.

3. Ou, si l'on veut, la philosophie a dû inclure le fait de la révélation dans le fait du monde. Au moins deux utilisations différentes du terme « fait » doivent être ici considérées : M. Arkoun parlait du *fait coranique* pour désigner l'événement linguistique, à savoir l'émergence du texte

Comment advient-elle ? A quelle catégorie ontologique doit-elle être rapportée pour qu'on puisse l'expliquer, ou encore, quel genre de message va-t-elle diffuser et pourquoi ? Dans les termes de la théologie, on pourrait dire que la philosophie arabe a tâché d'expliquer l'acte divin de la création (*al-ḫalq*, et en philosophie, très souvent, *al-ibdāʿ*), mais aussi celui de l'ordre, du commandement (*al-amr*), et donc la révélation (*al-ilhām*, *al-waḥy*) et la prophétie (*al-nubuwwa*) [1].

Quelle est, par conséquent, la définition que la philosophie donne de la révélation ? Il faut, semble-t-il, distinguer au moins deux éléments.

coranique en opposition au *fait islamique* qui indiquerait la consolidation de l'Islam en tant que religion (M. Arkoun, *Pour une critique de la raison islamique*, Paris, Maisonneuve et Larose, 1984 ; *L'Islam, religion et société : interviews dirigées par Mario Arosio*, trad. de l'italien par Maurice Borrmans, Paris, Éditions du Cerf, 1982). Dimitri Gutas présente une autre utilisation du terme : selon lui, la théorie avicennienne de la prophétie n'est que l'explication d'un fait, *cf.* D. Gutas, « Imagination and Transcendental Knowledge in Avicenna », *in* J. E. Montgomery (ed.), *Arabic Theology, Arabic Philosophy. From the Many to the One : Essays in Celebration of Richard M. Frank*, Leuven-Paris-Dudley Ma., Peeters-Departement Oosterse Studies, 2006, p. 337-354, p. 354 : « <…> these things <*scil.* les visions> are empirical facts, based on indisputable human experience, both our own and that of others. People have experiences (dreams, visions, premonitions – and of course, prophecy), which in fact do inform them of the past, present, and future events. These are empirical truths which one has to try and explain, using one's intellect and letting it take the lead, be the vanguard ». C'est dans ce deuxième sens que l'on parle ici d'un « fait » qui doit être expliqué par la philosophie : dans le contexte islamique, la réalité comprend le fait, à savoir le phénomène de la prophétie.

1. Ce qui ne veut pas dire que certaines questions ne se posent pas dans un contexte théologique ou mystique (le *amr*, par exemple, la vision, les textes, etc.). Pour une discussion de la prophétie de Muḥammad qui concerne à la fois la théologie et les traditions, *cf.* S. Pagani, « Roi ou serviteur ? La tentation du Prophète ou le choix d'un modèle », *Archives de sciences sociales des religions*, (à paraître).

I. En premier lieu, la révélation est, comme le dit le terme arabe qui l'exprime le plus proprement, *une descente* : le terme *tanzīl* véhicule, on l'a vu, l'idée d'un contenu qui est transmis ou littéralement qu'on a fait descendre à partir du monde divin, céleste ou « supra-lunaire », comme dirait la philosophie, sur le monde d'en-bas [1]. En ce sens, dans cette référence implicite à une topographie métaphysique, la révélation paraît immédiatement proche ou peut-être identique à l'émanation, ce flux – si l'on s'en tient à ce que l'on repère chez Avicenne – que les principes divins font descendre sur le monde et qui, en même temps, lui donne l'existence [2]. L'analogie est d'ailleurs beaucoup plus qu'un rapprochement : non seulement dans certains textes l'inspiration (*ilhām*) est conçue comme équivalente à la notion de flux divin [3], mais si l'on recherche une définition de la révélation, on retrouve, comme dans l'*Épître sur l'établissement des prophéties* que l'on présente ici, les termes qui valent pour l'émanation :

1. S. Wild, « "We have sent down to thee…" », montre qu'à l'origine il n'y avait aucune distinction entre les cieux et le monde céleste spirituel (le mot arabe étant toujours *al-samawāt*).

2. J'ai examiné le concept de flux chez Avicenne – qui inclut non seulement la causalité céleste mais aussi la causalité terrestre – dans O. Lizzini, *Fluxus (fayḍ). Indagine sui fondamenti della metafisica e della fisica di Avicenna*, Bari, Edizioni di Pagina, 2011. Quant à al-Fārābī, il semble attribuer aux corps célestes un rôle qui, tout en étant majeur, serait en dehors de tout dessein providentiel, cf. *Siyāsa*, éd. Najjār, p. 62-64; *cf.* al-Fārābī, *Le livre du Régime politique*. Introduction, traduction et commentaires de Ph. Vallat, Paris, Les Belles Lettres, 2012, p. 106-113 avec les notes de Ph. Vallat; *cf.* aussi, Th. A. Druart, « Al-Fārābī's Causation of the Heavenly Bodies », *in* P. Morewedge (ed.), *Islamic Philosophy and Mysticism*, New York, State University of New York Press, 1981, p. 35-45; D. Janos, *Method, Structure, and Development in Al-Fārābi's Cosmology*, Leiden, Brill, 2011.

3. *Ilhām* est parfois expliqué avec le concept de *fayḍ*; D.B. MacDonald, *Ilhām*, in *E.I.* [2]

La Révélation est [le] flux [ou l'effluence][1].

On peut d'ailleurs reconnaître la même idée, ou peut-être son revers, déjà chez al-Fārābī, là où, dans son œuvre sur les *Principes des existants*, connue aussi sous le titre de *Régime politique*, il nomme « révélation » la conjonction intellectuelle, et finalement philosophique, entre l'intellect humain et l'intellect divin :

> <...> C'est en effet par l'advenue de l'intellect acquis qu'a lieu la conjonction avec l'Intellect agent, selon ce qui est dit dans le *Livre de l'âme*. Cet homme est le roi qui est tel en vérité selon les Anciens, et c'est de lui qu'il convient de dire qu'il est favorisé de la révélation (*yūḥā ilay-hi*), car l'homme reçoit la révélation uniquement quand il atteint la mesure de ce rang, ce qui est le cas lorsque ne reste plus entre lui et l'Intellect agent aucun intermédiaire. En effet, l'intellect patient devient quasi matière et substrat de l'intellect acquis et l'intellect acquis devient <lui même> quasi matière et substrat de l'Intellect agent de sorte que, à ce moment là, efflue de l'Intellect agent sur l'Intellect patient la faculté grâce à laquelle il est possible d'avoir connaissance de la définition des doctrines et des actions et de les ordonner à la félicité. Or donc, cette *effluence* qui se produit à partir de l'Intellect agent (*fa-hāḏihi al-ifāḍa al-kā'ina min al-ʿaql al-faʿʿāl*) sur l'intellect patient moyennant l'action médiatrice de l'intellect acquis, *c'est cela la révélation*. En outre, comme l'Intellect agent <lui-même> efflue de l'être de la Cause

1. Littéralement « ce flux », cf. *l'Épître, infra* p. 96-97 ; *cf.* Avicenna, *Prophecies*, éd. Marmura, p. 47. Pour l'œuvre et son attribution à Avicenne, voir *infra*, p. 79-82. A propos de la conception de la révélation comme un flux, *cf.* aussi la critique de Ibn Taymiyya dans Y. Michot, « A Mamluk Theologian's Commentary on Avicenna's *Risāla Aḍḥawiyya* : Being a Translation of a Part of the *Dar' al-taʿārud* of Ibn Taymiyya with Introduction, Annotation, and Appendices », Part I, *Journal of Islamic Studies*, 14/2 (2003), p. 178 et *cf.* aussi note 103, p. 178.

> première, on pourrait, pour cette raison, dire que la Cause première est, par l'intermédiaire de l'Intellect agent, l'instance de la révélation faite à cet homme [1].

Si l'on considère le flux divin dans sa détermination de flux de connaissance qui fonde, à partir de l'Intelligence agente, l'actualité et donc la réalité de la connaissance, les raisons pour rapprocher, d'un côté, révélation et émanation, de l'autre, prophétie et philosophie, deviennent claires. La révélation et la prophétie, son miroir humain, constituent d'abord une forme de connaissance et doivent donc

1. Voir al-Fārābī, *Siyāsa*, p. 79-80 éd. Najjār; trad. Ph. Vallat dans *Le livre du Régime politique*, p. 154-157. Sans entrer dans les détails de son interprétation, notons que Vallat nie qu'il y ait une vraie doctrine de la prophétie chez al-Fārābī; cf. *Le livre du Régime politique*, surtout p. XXV-XXIX et 151-158 avec les notes; *cf.* aussi, Ph. Vallat, « Vrai philosophe et faux prophète selon Farabi. Aspects historiques et théoriques de l'art du symbole », dans D. De Smet, M. Sebti, G. de Callataÿ (éd.), *Miroir et Savoir. La transmission d'un thème platonicien, des Alexandrins à la philosophie arabo-musulmane.* Actes du colloque international tenu à Leuven et Louvain-la-Neuve, les 17 et 18 novembre 2005, Louvain, Presses universitaires de Louvain, 2008, p. 117-143. Quant à Avicenne, il essaie d'expliquer la prophétie (qu'il assume par conséquent), mais il insiste sur la primauté de la prophétie intellectuelle qui est premièrement la conjonction du philosophe au monde des intelligences célestes (*infra*, p. 32-36). L'idée de révélation en tant que flux est transmise à la tradition suivante et se trouve aussi chez Maïmonide (qui pourtant, en élaborant ce qu'il repère chez al-Fārābī, insiste sur le rôle de la puissance imaginative); cf. *Le Guide des égarés*, traduction de l'arabe par Salomon Munk (1856-1866), nouvelle édition revue et mise à jour sous la dir. de R. Lévy, avec la collaboration de M. Aouad, Lagrasse, Verdier, 2012, II, chap. 36-38; *cf.* E. Wakelnig, « Die Rolle des Aktiven Intellektes in der Prophetie bei Farabi und Maimonides », *in* J. Thon (ed.), *The Claim of Truth in Religious Contexts.* Results of an Interdisciplinary Workshop of the Graduate School "Society and Culture in Motion" (Halle-Saale), Halle, ZIRS, 2009, p. 51-60; *cf.* A. Altmann, « Maimonides and Thomas Aquinas : Natural or Divine Prophecy ? », *AJS Review*, 3 (1978), p. 1-19; H. Kreisel, *Prophecy. The History of an Idea.*

s'expliquer par le biais des mêmes principes que ceux qui rendent compte de la connaissance humaine en général et dans ses conditions normales. Dans le cas d'Avicenne, qui consacre à la prophétie une discussion riche et complexe, cela signifie non seulement que connaissance et prophétie sont toutes les deux expliquées par le flux[1], mais aussi qu'aucune des propriétés de la prophétie n'est le fait exclusif des prophètes. C'est en ce sens que, tout en renvoyant à la dimension métaphysique du flux, Avicenne conçoit la prophétie comme un phénomène *naturel* : l'existence du prophète est expliquée par la complexion spéciale que sa matière possède et toutes les propriétés prophétiques sont d'abord simplement humaines. Néanmoins, la nature elle-même est insérée dans le cadre métaphysique du flux qui, en tant que tel, ne fait pas partie de la nature – le flux est et vient de « là-haut » – et est précisément ce qui, de la nature, doit soutenir et expliquer la fonctionnalité[2].

1. Le rôle de l'intellect agent et donc la véritable signification du flux de l'émanation sur le plan gnoséologique sont un sujet de discussion. Au moins deux interprétations différentes sont à repérer : l'une est émanationniste, l'autre insiste sur l'importance de l'abstraction. Des lectures récentes s'efforcent d'harmoniser les deux interprétations, *cf.* D. N. Hasse, « Avicenna's epistemological optimism », *in* P. Adamson (ed.), *Interpreting Avicenna*, Cambridge, Cambridge University Press, 2013, p. 109-119; T. Alpina, « Intellectual Knowledge, Active Intellect and Intellectual Memory in Avicenna's *Kitāb al-Nafs* and Its Aristotelian Background », *Documenti e Studi sulla tradizione Filosofica Medievale*, 25 (2014), p. 131-183. Plus globalement, *cf.* O. Lizzini, « Human Knowledge and Separate Intellect », *in* L. Lopez-Farjeat, R. Taylor (eds.), The *Routledge Companion to Islamic Philosophy*, London-New York 2015, Routledge, p. 285-299.

2. Pour la complexion du prophète, *cf. Ilāh.*, X, 3, p. 443, 16-18. Avicenne ne distingue pas proprement entre naturel et surnaturel sinon en ce qu'il distingue entre physique et métaphysique; la cause de la nature est une « troisième chose » (l'intellect agent) qui ne fait pas partie de la nature. C'est en ce sens seulement que l'on peut parler d'une conception

II. En deuxième lieu, la révélation est essentiellement *une forme de langage* qui exprime la vérité en termes non apodictiques. Cette définition, qui insiste sur la dimension linguistique du Coran, implique des éléments de tension, qui ne tiennent pas seulement, comme le reconnaissaient déjà les théologiens du Kalām, à l'écart qu'il faut nécessairement poser entre le langage de Dieu et celui de l'homme. La réflexion philosophique, en effet, ne peut s'empêcher d'ajouter aux difficultés sémantiques de la théologie la question ultérieure du rapport entre le texte sacré et la vérité. Le problème de la philosophie n'est donc plus uniquement celui de la *langue* – le langage divin est supérieur, éternel et inaccessible mais doit en même temps être soumis aux règles de la langue (être compréhensible, signifiant et analysable d'un point de vue sémantique)[1] – mais aussi celui de son contenu de *vérité*[2].

naturelle de la prophétie, un concept que L. X. Lopez-Farjeat (« Avicenna and Thomas on Natural Prophecy », in *American Catholic Philosophical Quarterly*, 88 (2014), p. 309-333) a récemment proposé de nouveau (en prenant en considération aussi la *R. al-manāmiyya*, *infra*, p. 40, n. 1).

1. Le « dogme » de l'inimitabilité du Coran est peut-être le signe le plus clair du statut transcendant du Texte sacré; *cf.* Cor. II, 23-24, 79; X, 38; XI, 13, 35; XVII, 88; XXVIII, 49-53; XLVI, 8; LII, 33-34; LXIX, 44; *cf.* S. Wild, « Inimitability » in *The Qur'an : an Encyclopaedia*..., p. 295-296; M. Th. Urvoy, « Inimitabilité du Coran », dans *Dictionnaire du Coran*..., p. 419-420; G. E. von Grunebaum, « I'djāz », in *E.I.* [2].

2. Que la révélation présente le problème de la vérité pourrait sembler paradoxal, une fois considérée l'étymologie du grec *aletheia* telle que Heidegger la soulignait (*Aletheia (Herakl. B 16)*, in *Vorträge und Aufsätze* 3 3, Tübingen, Mohr Siebeck, 1967, p. 54-61). Mais à part le sens de l'étymologie du terme grec – l'hypothèse heideggerienne est discutée; *cf.* B. Centrone, « L'etimologia di aletheia e la concezione platonica della verità », *in* F. Bottari (a cura di), *Dignum laude virum*, Trieste, Edizioni Università di Trieste, 2011, p. 91-104; T. Cole, « Archaic Truth », *Quaderni Urbinati di Cultura Classica*, n.s. 13 (1983), p. 7-28) – le mot arabe pour « révélation » implique l'idée de suggestion ou d'inspiration, *cf.* Lane, *An*

La relation entre la vérité, la réalité et la langue est un problème majeur de la philosophie et le texte sacré ne saurait s'y soustraire. Tout en reflétant la réalité, et donc la multiplicité, la diversité et la contradiction, la langue est du point de vue de la philosophie un outil indispensable pour manifester l'unité de la vérité. C'est justement pour souligner cette fonction de la langue que la philosophie a séparé dès sa naissance l'expression de la *doxa* de celle de la vérité. Et si cette distinction entre la vérité et la *doxa* a ses racines dans les origines poétiques de la philosophie que constitue l'œuvre du maître « vénérable et terrible » [1], avec Aristote la tradition a toujours séparé la *dialectique*, appliquée à la dispute (notamment juridique et politique), et l'*analytique*, qui établit la science à partir des prémisses vraies. Dans l'opposition entre dialectique (rhétorique et, au moins en partie, poétique), d'un côté, et analytique de l'autre, apparaît donc la formalisation d'une distinction fondamentale pour la philosophie de tradition aristotélicienne, selon laquelle chaque formulation linguistique non apodictique – en principe la dialectique, dont les prémisses ne sont qu'acceptées, la rhétorique et la poétique – ne peut appartenir à la sphère de la vérité, mais doit au contraire relever de la *doxa* [2].

Arabic-English Lexicon, *s.v.* et A. de Biberstein-Kazimirski, *Dictionnaire Arabe-Français*…, *s.v.*

1. L'œuvre poétique de Parménide contient – il faut le noter – une partie « révélée ». À l'origine, la révélation a été intégrée par la philosophie : Parménide, Pythagore, Empédocle pourraient être ici mentionnés ; même le Néoplatonisme assume la révélation, notamment avec les *Oracles Chaldaïques* et le développement que Jamblique consacre à cette œuvre.

2. La philosophie utilise (ou doit utiliser) le langage de la démonstration (*cf.* par ex. *Metaph.*, III, 4, 1000 a 19-20), mais il y a bien-sûr des nuances : pour Platon, il faut se méfier de la poésie, mais elle fait partie de l'expression primordiale de la philosophie (voir aussi Parménide, Empédocle, etc.) ; pour Aristote, la poésie est plus philosophique que l'histoire (*Poet.* I, 9,

Voilà donc que le texte sacré perturbe cette distinction : la révélation apparaît à la fois comme une forme de langage non apodictique – la parole de Dieu est riche en figures rhétoriques, comme les ellipses, les pléonasmes, les répétitions, et elle est ainsi souvent assujettie à

1451b5-7 ; *cf.* Ibn Sīnā, *Kitāb al-šiʿr*, I, 5, p. 54, 16-17) et philosophie et poésie ont toutes les deux leur origine dans l'émerveillement (*Metaph.*, I, 2, 982 b 11-21). Même les rapports entre Rhétorique et Analytique sont parfois nuancés (dans un passage final des *Réfutations Sophistiques* – 34, 184a8-b8 –, rhétorique et technique du syllogisme sont presque rapprochées l'une de l'autre), mais la dialectique et la rhétorique ne donnent que du probable, alors que l'analytique concerne la vérité. Dans la tradition de l'antiquité tardive, rhétorique et poétique font d'ailleurs partie de l'*Organon*. Sur les relations difficiles et pourtant souvent nécessaires entre poésie et philosophie, *cf.* S. Rosen, *The Quarrel between Philosophy and Poetry. Studies in Ancient Thought*, New York-London, Routledge, 1998 ; R. Barfield, *The Ancient Quarrel between Philosophy and Poetry*, Cambridge, Cambridge University Press, 2011 ; M. Heath, *Ancient Philosophical Poetics*, Cambridge, Cambridge University Press, 2013. La question se retrouve dans la philosophie arabe ; la rhétorique et la poétique font partie des arts du langage et, s'il est vrai qu'elles s'opposent à la science de la démonstration, il est aussi vrai qu'elles constituent le véhicule d'une connaissance (morale ou psychologique) ; en suivre les traces est ici impossible ; on rappellera au moins U. Vagelpohl, *Aristotle's Rhetoric in the East. The Syriac and Arabic Translation and Commentary Tradition*, Leiden-Boston, Brill, 2008 ; D. Black, *Logic and Aristotle's "Rhetoric" and "Poetics" in Medieval Arabic Philosophy*, Leiden, Brill, 1990 et (à consulter avec prudence) S. Kemal, *The Poetics of Alfarabi and Avicenna*, Leiden-New York-København-Köln, Brill, 1991 ; Id. *The Philosophical Poetics of Alfarabi, Avicenna and Averroes : The Aristotelian Reception*, London-New York, Routledge, 2003. J. Janssens souligne que la poésie serait pour Avicenne un véhicule possible de valeur morale ; *cf.* J. Janssens, « Foi et raison chez Avicenne », *in* M. Delgado, C. Méla, F. Möri (dir.), *Orient-Occident : racines spirituelles de l'Europe. Enjeux et implications de la translatio studiorum dans le judaïsme, le christianisme et l'islam de l'Antiquité à la Renaissance*, Paris, Les éditions du Cerf, 2014, p. 516 <p. 513-527> : « Avicenne accorde bien plus nettement une valeur poétique au texte révélé. Ce faisant, ne le réduit-il pas au niveau le plus bas de viabilité logique, et par là même scientifique, au sens aristotélicien ? Cela paraît évident, mais on ne doit pas oublier qu'Avicenne prête beaucoup d'attention

une lecture métaphorique par la théologie elle-même – et comme vérité (Cor. IV, 105 : *innā anzalnā ilay-ka l-kitāba bi-l-ḥaqqi*)[1]. On pourrait même affirmer qu'aucune théorie philosophique du langage élaborée dans le contexte islamique, aucune explication philosophique de la révélation ne peut ignorer cet élément. Une théorie peut rejeter la révélation[2], mais elle ne peut éviter d'en discuter. Le modèle dualiste qui opposerait un langage non rhétorique et porteur de vérité à la langue des images et de la poésie semble incompatible avec la philosophie élaborée dans l'Islam, qui doit pouvoir reconnaître la vérité (aussi) dans le langage rhétorique et poétique. Et il faut tenir un discours analogue en ce qui concerne certaines expériences cognitives. La révélation, on l'a vu, n'est pas qu'un fait linguistique, et

aux syllogismes poétiques, et qu'il souligne avec insistance la valeur morale et intersubjective de tout acte poétique valable ». Sur la définition de la métaphore, qui est ici impliquée, *cf.* W. Bogess, « Alfarabi and the Rhetoric : The Cave Revisited », *Phronesis*, 15 (1970), p. 86-90. Pour l'interprétation ici proposée, *infra*, p. 59-68.

1. Ce verset est à rapprocher d'autres versets : III, 3 ; XVII, 81, 105 ; XXXIX, 2. C'est d'ailleurs pour son contenu de vérité que le Coran s'oppose aux rêveries des poètes (par ex. Cor. LII, 32 ; XXVI, 225 et XXXVI, 69) : C. Gilliot, « Poète ou prophète ? Les traditions concernant la poésie et les poètes attribuées au prophète de l'islam et aux premières générations musulmanes », *in* F. Sanagustin (éd.), *Paroles, signes, mythes.* Mélanges offerts à Jamal Eddine Bencheikh, Damas, IFEAD, 2001, p. 331-396. Quant au verset, il faut cependant remarquer qu'au moins une autre interprétation est possible : *bi-l-ḥaqqi* peut aussi signifier "non en vain" ; *cf.* Cor. XXI, 16-18 et, à propos de la création, *cf.* Th. O'Shaughnessy, *Creation and the Teaching of the Qur'ān*, Rome, Biblical Institute Press, 1985, p. 30-39.

2. Cet rejet est traditionnellement attribué à Abū Bakr al-Rāzī, *cf.* S. Stroumsa, *Free Thinkers in Medieval Islam. Ibn al-Rāwandī, Abū Bakr al-Rāzī, and Their Impact on Islamic Thought*, Leiden-Boston-Köln, Brill, 1999 ; l'attribution a été remise en question ; *cf.* M. Rashed, « Abû Bakr al-Râzî et la prophétie », *Mélanges de l'Institut Dominicain d'Études Orientales*, 27 (2008), p. 169-182.

les visions, comme les rêves, y sont aussi impliquées. De fait, dans la tradition islamique le songe véridique – expliqué par Aristote de façon naturelle – renvoie à une dimension divine qui en garantit la sincérité [1].

II. *Révélation et flux divin : la traduction des données religieuses et les modes de la prophétie*

A la lumière de cette prémisse générale, on peut maintenant repérer les questions centrales impliquées par la conception de la révélation, de la prophétie et de son rapport à la vérité telles qu'elles apparaissent chez Avicenne, l'auteur auquel L'*Épître* que l'on présente ici – *l'Épître sur l'établissement des prophéties, l'interprétation de leurs*

1. La discussion autour de la prophétie et la divination dans le monde arabe est fondée essentiellement sur la lecture (et l'élaboration) du *De anima* et du *De divinatione per somnum* d'Aristote (un texte qui, avec les autres *Parva naturalia*, devient le *Kitāb al-Ḥiss wa-l-maḥsūs*). Dans la version arabe, contrairement à ce que on lit dans le texte original d'Aristote, les rêves ou songes véridiques semblent dépendre d'une source divine; l'intervention surnaturelle qui générerait la divination est ainsi intégrée dans la recherche relevant de la philosophie de la nature. *Cf.* R. Hansberger, « How Aristotle Came to Believe in God-given Dreams : The Arabic Version of *De divinatione per somnum* », *in* L. Marlow (ed.), *Dreaming Across Boundaries : The Interpretation of Dreams in Islamic Lands*, Washington, D.C.-Cambridge, MA., Ilex Foundation-Center for Hellenic Studies, 2008, p. 50-77; Ead., « *Kitāb al-Hiss wa-l-mahsūs* : Aristotle's *Parva Naturalia* in Arabic Guise », dans Ch. Grellard, P.-M. Morel (éd.), *Les* Parva naturalia *d'Aristote : Fortune antique et médiévale*, Paris, Publications de la Sorbonne, 2010, p. 143-162. Pour le rêve et la révélation chez Avicenne, *cf.* aussi J. <Y.> Michot, *La destinée de l'homme selon Avicenne. Le retour à Dieu (ma'ād) et l'imagination*, Lovanii Aedibus Peeters 1986, chapitre III, p. 104-139; Id., « Prophétie et divination selon Avicenne. Présentation, essai de traduction critique et index de l'Épître de l'âme de la sphère », *Revue philosophique de Louvain*, 83 (1985), p. 507-535.

symboles et de leurs images (c'est-à-dire des symboles et images utilisés par les prophètes), a été traditionnellement attribuée. Si l'attribution est remise en question (et Dimitri Gutas a fourni récemment de nouveaux arguments contre la paternité avicennienne de l'*Épître*[1]), l'*Épître* contient plusieurs thèmes de la philosophie avicennienne qu'on peut indiquer, à commençer par la traduction – problématique mais serrée – des données religieuses en termes philosophiques. C'est sur ce point qu'il faut à présent s'arrêter.

IIa. *Un trait non accessoire.* Avicenne traduit les données de la révélation dans le langage de la philosophie par une opération que l'on peut déjà trouver, fût-ce partiellement, chez al-Fārābī – du moins si l'on se tient à la lettre de certains passages[2]. Il s'agit d'un trait que l'on ne peut absolument pas considérer comme accessoire. Ainsi, par exemple, les anges sont identifiés avec les substances séparées

1. *Infra*, p. 79-82 et surtout les remarques de J.-B. Brenet dans les notes de sa traduction, p. 120-167.

2. Voir par exemple *On the Perfect State*, p. 354-355 ; pour le flux en tant que révélation, cf. *Siyāsa*, p. 79-80 et *cf.* p. 32, 11 et *On the Perfect State*, p. 244, 9-14. *Cf.* aussi *On the Perfect State*, p. 38, le Prologue (qui était attribué par R. Walzer à Yaḥyā ibn 'Adī). Voir ici l'analyse de Ph. Vallat, *cf.* Al-Fārābī, *Le Livre du Régime politique*, surtout p. XXV-XXIX et Ph. Vallat, « Vrai philosophe, faux prophète… ». L'interprétation récemment proposée par J. Janssens est plus nuancée : « Al-Farabi : La religion comme imitation de la philosophie », *in* M. Delgado, C. Méla, F. Möri (dir.), *Orient-Occident…*, p. 497-512. J'ai souligné quelques-uns des éléments fondamentaux de la conception de la révélation avant Avicenne, surtout en ce qui concerne l'angélologie, *in* G. Agamben, E. Coccia (dir.), *Angeli …*, p. 1744-1747 et 1754-1775 (al-Kindī) et p. 1779-1844 (al-Fārābī), où l'on trouve aussi des références bibliographiques.

de la philosophie (un élément qui joua par ailleurs un rôle important dans la pénétration d'Avicenne dans le monde latin)[1], des images coraniques sont occasionnellement utilisées par Avicenne pour illustrer ses idées philosophiques[2], et certains versets coraniques font l'objet direct de son interprétation. L'exemple majeur est assurément celui du verset de la lumière (Cor. XXIV, 35), qui apparaît dans

1. *Ilāh.* I, 3, p. 19, 5-6; I, 4, p. 27, 16; I, 8, p. 51, 4; 9, 2, p. 391, 12; 10, 1, p. 435, 7, 8, 15, 16, 17; 10, 2, p. 442, 3, 13; 10, 3, p. 444, 18, 446, 1; *cf.* G. Agamben-E. Coccia (dir.), *Angeli…*, p. 1845-1854. D. Gutas aussi remarque l'identification entre anges et intelligences chez Avicenne, cf. *Avicenna and the Aristotelian Tradition. Introduction to Reading Avicenna's Philosophical Works*, Leiden-Boston, Brill, 2014, p. 39, 73, 290, 338, 342; à ce propos, un passage de *L'âme rationnelle* est éloquent (*Avicenna and the Aristotelian Tradition…*, T14, § 10 : « the intellectual substance which is the medium of the divine effluence <…> is called "angel" in the language of Revelation (*fī lisān al-šar'*) and "active intellect" in philosophical terminology »). Cf. *al-R. al-aḍḥawwiyya*, p. 31 éd. texte arabe où l'on trouve mentionné le *malakūt*.

2. Voir dans la *Métaphysique* du *K. Šifā'* : Cor., VI, 163; XVII, 111; XXV, 2 in *Ilāh.* I, 6, p. 38; cf. *Ilāh.*, VIII, 1, p. 327; IX, 1, p. 373; Cor. X, 61 (et XXXIV, 3) in *Ilāh.*, VIII, 6, p. 359, 13; Cor. XXVIII, 88 in *Ilāh.* VIII, 6 p. 356; des thèmes coraniques comme les attributs divins et la prière angélique se retrouvent in *Ilāh.* VIII et IX; Cor., XVI, 19 in *Ilāh.* X, 2, p. 442; Cor. XVII, 29 in *Ilāh.* X, 5, p. 453; Cor. XI, 14 in *Ilāh.*, X, 3, p. 446; Cor. XVI, 102; XVI, 19 est évoqué in *Ilāh.* X, 2, p. 442; II, 229-230 in *Ilāh.* X, 4, p. 450. Pour d'autres exemples de versets et thèmes coraniques, cf. *al-R. al-aḍḥawiyya* (par ex. p. 51 texte arabe, mais le texte est riche en références). Des références aux thèmes religieux sont à lire aussi dans la *R. fī aqsām al-'ulūm al-'aqliyya* et dans certaines des œuvres qui sont attribuées à Avicenne mais dont l'attribution est discutable, comme *R. fī sirr al-qadar*; *Cf.* D. Gutas, *Avicenna and the Aristotelian Tradition…*, p. 490 (*al-Qaḍā' wa-l-qadar* serait par contre authentique); D. Reisman, *The making of the Avicennan Tradition. The Transmission, Contents, and Structure of Ibn Sīnā's* al-Mubāḥāṯāt (The Discussions), Leiden-Boston, Brill, 2002, p. 140; pour d'autres références coraniques ou religieuses, *cf.* par exemple *L'Épître sur la prière, Actions et passions, Genèse et retour.*

plusieurs écrits [1], dont le *K. al-Išārāt wa-l-tanbīhāt* [2] (généralement traduit : le *Livre des directives et des remarques*), et qui fait l'objet d'un commentaire détaillé dans l'*Épître sur l'établissement des prophéties*, où l'on repère aussi les commentaires à d'autres versets coraniques (LXIX, 17 ; LXXIV, 30-31 ; XV, 44) [3]. Enfin, des œuvres mineures parmi celles qui sont attribuées à Avicenne offrent l'exégèse d'autres versets. En particulier : Cor. XLI, 11-12a [4] ; Cor. LXXXVII [5] ; Cor. CXII [6] ; Cor. CXIII-CXIV [7]. Un cas tout à fait à part est celui de *al-R. al-ʿaršiyya* (dont l'attribution

1. *Mabda wa-l-maʿād*, (III, 16), p. 117, 5-6 ; *Genèse et retour*, p. 74 éd. 1994 : « Le plus noble et le plus honorable des prophètes [...] la puissance intellectuelle de cet homme est comme de l'huile et l'intellect agent, du feu. Il s'y enflamme d'un coup et la transmue en sa substance. C'est comme si cet homme était l'âme dont il a été dit que "son huile éclairerait même si nul feu ne la touchait. Lumière sur lumière" » ; cf. *al-Nukat wa l-fawā'id*, p. 163, 4 ; *cf.* J. Janssens, « Avicenna and the Qur'ān. A Survey of His Qur'ānic Commentaries », *Mélanges de l'Institut Dominicain d'Études Orientales*, 25-26 (2004), p. 180-183 qui prend en considération aussi les deux exégèses du verset éditées par H. Āsī, *Al-Tafsīr al-qur'ānī wa-'l-luġa 'l-ṣūfiyya fī falsafat Ibn Sīnā*, Bayrūt, al-Mu'assasa al-ǧāmiʿiyya li-l-dirāsāt, 1983, p. 86-87 ; *cf.* M. Afifi al-Akiti, « The Three Properties of Prophethood... », p. 201, n. 36.

2. *Išārat*, III (*namṭ*), 10 (*faṣl*), éd. Dunyā II vol., p. 387-392 ; *cf.* éd. Forget 1892, p. 125-127 (126, 11-12) ; *Directives et remarques*, p. 324-326 ; *infra*.

3. *Infra*, p. 98-117.

4. Y. Michot, « Le commentaire avicennien du verset : "Puis Il se tourna vers le ciel...". Édition, traduction et notes », *Mélanges de l'Institut Dominicain d'Études Orientales*, 14 (1980), p. 317-328.

5. M. Abdul Haq, « Ibn Sīnā's Interpretation of the Qur'ān », *The Islamic Quarterly*, 32 (1988), p. 46-56.

6. D. De Smet, M. Sebti, « Avicenna's Philosophical Approach to the Qur'an in the Light of his Sūrat al-Ikhlās », *Journal of Qur'anic Studies*, 11 (2009), p. 134-148.

7. H. Āsī, *Al-Tafsīr al-qur'ānī*... et *cf.* J. Janssens, *Avicenna and the Qur'ān*... puis D. Gutas, *Avicenna and the Aristotelian Tradition* ..., p. 506.

à Avicenne est fortement discutée) où l'explication des images et des termes coraniques constitue le premier but de l'ouvrage[1].

L'utilisation des données religieuses, et donc leur traduction en termes philosophiques, ressort clairement des arguments dont Avicenne se sert pour démontrer la nécessité de la prophétie. Premièrement, la prophétie s'explique à l'intérieur du système du savoir de l'homme : la gnoséologie d'Avicenne prévoit parmi les étapes de l'actualisation de l'intellect matériel (théorétique[2]), une actualisation extraordinaire correspondant à la préparation maximale, appelée « intellect saint » (*'aql qudsī*) ; Avicenne parle parfois aussi de « puissance sainte » (*quwwa qudsiyya*) et d'« âme sainte » (*nafs qudsiyya*) pour indiquer l'intellect du prophète[3], là où l'idée de fond est évidemment la conception de la hiérarchie et du « principe de plénitude ». Deuxièmement, la prophétie apparaît – par exemple dans la *Métaphysique* du *K. al-Šifā'* (X, 2) – à la fois dans sa fonction purement religieuse (en tant que fondement de la foi et de l'eschatologie) et dans sa fonction politique (la

1. Cf. *Angeli*..., p. 1889-1893. Pour les doutes sur l'attribution de cette *Épître*, *cf.* D. Gutas, *Avicenna and the Aristotelian Tradition*..., p. 484-486 ; D. Reisman, *The making of the Avicennan Tradition*..., p. 21 n. 2 ; R. Wisnovsky, « Towards a History of Avicenna's Distinction between Immanent and Transcendent Causes », *in* D. Reisman, A. al-Rahm (eds.), *Before and After Avicenna*, Leiden, Brill, 2003, p. 65 n. 32 ; p. 67 n. 35.

2. *Nafs*, V, 1, p. 186, 9-14 où Avicenne précise que l'état de pure préparation (*isti'dād ṣirf*) appartient aux deux puissances tout comme l'état de la perfection (*kamāl*). Le premier état est dit intellect matériel (*'aql hayūlānī*) – qu'il s'agisse de l'intellect théorétique ou de l'intellect pratique – alors que le dernier, la possession de la perfection, est dit intellect *in habitu* (*'aql bi-l-malaka*). Mais l'intellect saint est éminemment théorétique.

3. *Nafs*, V, 6, cf. *Avicenna's De Anima*, p. 248, 18 (l'intellect saint est le plus haut degré de préparation de l'intellect matériel : p. 248, 9-249, 3 ; 250, 4). Pour *quwwa* et *âme*, cf. *Le livre de Science* et *infra*, p. 44-45.

création de la société). Si donc du point de vue de la perfection humaine qu'elle indique, l'étude de la prophétie relève de la psychologie [1], du point de vue de ses fondements, voire en tant qu'instrument politique et, pour finir, métaphysique, la prophétologie est à la fois une partie de la science politique et de la métaphysique [2]. Le plan métaphysique domine en effet le discours avicennien : la prophétie est comme un instrument de la nécessité métaphysique [3]. La société, la coopération, les lois dont l'homme a besoin pour vivre ne sont possibles que grâce à un législateur, mais seul un législateur qui exprime la loi sur la base de l'enseignement divin, à travers la prédication et les miracles, peut être suivi par les hommes avec la continuité nécessaire à la vie de la société et de l'espèce. Les hommes reconnaissent dans le prophète le signe de l'altérité (voire de la transcendance) et vont par conséquent lui obéir, en assurant ainsi la vie commune et enfin la

1. Voir surtout *K. al-Nafs*, IV, V.

2. J'ai présenté des remarques en ce sens dans O. Lizzini, « L'"Epistola sulle divisioni delle scienze intellettuali" di Avicenna. Alcune note sulla definizione e la collocazione della profetologia e della psicologia », *in* S. Caroti, R. Imbach, Z. Kaluza, G. Stabile, L. Sturlese (eds.), *Ad Ingenii Acuitionem*. Studies in Honour of Alfonso Maierù, Louvain-la-Neuve, Fédération Internationale des Instituts d'Études Médiévales, 2007, p. 235-262.

3. Voir aussi *Ilāh.*, X, 2. L'hypothèse de Ömer Mahir Alper, « The Epistemological Value of Scriptural Statements in Avicenna : Can Religious Propositions Provide the Premises of Philosophical Demonstrations ? » *in* T. Kirby, R. Acar, B. Baş (eds.), *Philosophy and the Abrahamic Religions : Scriptural Hermeneutics and Epistemology*, Cambridge, Cambridge Scholars Publishing, 2013, p. 177-178 [p. 175-190], est tout autre : la métaphysique ne dominerait que le discours théorétique du système avicennien ; l'éthique dépendrait du Texte révélé et de la prophétie, là où le signe de la transcendance du prophète en serait comme la preuve. Cette conclusion ne tient pas compte – je crois – de la légitimation métaphysique de la prophétie elle-même.

permanence de l'espèce qui en constituent la fin. En tant que fondement de la vie sociale, la prophétie est donc essentielle à la pérennité de l'espèce humaine et nécessaire à la nature [1]. La complexion parfaite qui explique l'existence du prophète ne peut en effet être atteinte que rarement; néanmoins, si elle est un événement exceptionnel, elle exhibe une nécessité qui dépend des lois métaphysiques régissant la nature elle même.

La nécessité de la prophétie est déduite également de son statut de possibilité (métaphysique et naturelle à la fois) : l'existence de tout ce qui, en étant possible, est nécessaire à la réalisation du bien doit être atteinte, si bien que la prophétie doit se trouver dans l'ensemble des choses qui existent [2]. Ce qui exprime à nouveau, on le voit, le « principe de plénitude », à l'œuvre aussi dans l'*Épître* qui nous intéresse ici. L'*Épître sur l'établissement des prophéties* introduit la nécessité de la prophétie à partir de degrés de perfection possible : refuser l'idée d'une réception sans médiation (le prophète reçoit les formes intelligibles sans passer par l'intermédiaire de l'enseignement et du raisonnement) serait comme nier que la chaîne de la perfection intellectuelle soit complète [3].

1. *Ilāh.*, X, 3, p. 443,16-18. *Cf.* L. Gardet, *La pensée religieuse…*, p. 125-128 qui évoquait justement la théorie "politique" d'*al-Madīna al-fāḍila* et de la *République* de Platon. En *Ilāh.* X, 5 (p. 455, 15) Avicenne définit celui qui est juste, parfait du point de vue théorétique et enfin doté des "propriétés de la prophétie", un "Seigneur parmi les hommes" (*rabb insānī*), et fait en ce sens du prophète qui est aussi philosophe le lien entre le monde céleste et le monde terrestre (*infra*) ; sur la prophétie, cf. *Avicenna's De Anima*, éd. F. Rahman, p. 171-178; 248-250) ; *K. al-Išārāt*, éd. Forget, p. 125-127 (éd. Dunyā, II, p. 387-392).

2. *Ilāh.*, IX, 6, p. 418, 5-419, 4; X, 2, p. 442, 1-9; cf. *Taʿlīqāt*, p. 21.

3. *Cf.* le texte § 12, ici p. 94. Pour une analyse de ces argumentations « psychologiques », *cf.* M. Marmura, « Avicenna's Psychological Proof of Prophecy », *Journal of Near Eastern Studies*, 22 (1963), p. 49-56.

C'est donc la philosophie qui régit l'opération de traduction des données religieuses et cette traduction n'est pas un trait accessoire. Il faut pourtant bien comprendre quel est son sens : il ne s'agit ni de la simple inclusion des données de la religion dans la doctrine philosophique, ni de leur réception passive, mais de leur interprétation, de leur explication. Les figures et les données qu'utilise la religion sont la traduction symbolique et imaginative de la *même* vérité que celle qui est accessible à travers la philosophie. En ce sens, elles expriment dans la langue de la religion, qui est celle de l'imagination (le texte sacré parle par images[1]), la même réalité que celle manifestée par le flux des formes et comprise par la rationalité ; une réalité qui, émanant du Premier, se déploie selon les diverses étapes de la descente du flux qui se fait intellectuel, psychique et corporel. En même temps, les figures et les données de la religion constituent – on le verra – une expression mineure ou inférieure de cette même réalité, leur but étant de

1. Sauf indication contraire, quand le discours est général et non technique, comme ici, on utilise "imagination" dans son sens commun et non dans celui, technique, de la philosophie d'Avicenne. Pour Avicenne il faut en effet distinguer l'imagination (*al-ḫayāl*, ou *al-quwwa al-muṣawwira*), qui a son siège dans la cavité antérieure du cerveau et conserve les formes perçues, de l'imaginative (*al-taḫayyul* ou *al-quwwa al-mutaḫayyila*) ou, chez l'homme, cogitative (*al-fikr* ou *al-quwwa al-mufakkira*), qui les compose et distingue les unes des autres ; celle-ci est dans la cavité centrale du cerveau et est responsable non seulement de la première élaboration de la réalité sensible, mais aussi de sa première transformation fantastique : la cogitative permet, en effet, de composer ou de diviser les images sensibles même d'une façon ne correspondant pas à la réalité externe (pour concevoir par exemple des entités inexistantes, qu'elles soient naturellement impossibles, comme le vide, ou possibles, comme les inventions et les projections des désirs) ; cf. *Avicenna's* De anima, IV, 1, 2, 4. Pour la discussion de l'imagination (*phantasia*), chez Aristote, *cf.* Arist., *De an.*, III, 3 ; III, 7, 431 b 3 -10 ; III, 8, 432 a 8-9 ; III, 11.

rejoindre ceux qui ne peuvent pas saisir (et recevoir) le contenu rationnel de la réalité [1].

IIb. *Prophétie et réception : les trois propriétés prophétiques.* La transposition, l'identification même entre les données de la religion et le discours philosophique n'est donc ni simple inclusion ni réception passive, mais interprétation [2]. En d'autres termes, les données de la religion ne sont pour Avicenne rien d'autre que ce que l'on peut saisir de la réalité du ciel et du Premier Principe en dehors et en deçà de la philosophie et de son langage apodictique. En ce sens, l'existence des données de la révélation (par exemple les anges et les réalités qui expliquent le paradis ou l'enfer)

1. Sur les méthodes et les styles de la philosophie avicennienne, *cf.* D. Gutas, « Aspects of Literary Form and Genre in Arabic Logical Works », *in* Ch. Burnett (ed.), *Glosses and Commentaries on Aristotelian Logical Texts. The Syriac, Arabic and Medieval Latin Traditions*, London, The Warburg Institute-University of London, 1993, p. 29-76. *Infra*, p. 44-68

2. Cette opération a été qualifiée d'adaptation (M. Afifi al-Akiti, « The Three Properties of Prophethood… », p. 201 : « Avicenna successfully adapted *falsafa* to the Islamic milieu in the first place »). La lecture ici proposée soutient exactement le contraire : c'est le langage religieux qui est expliqué en termes philosophiques : le langage religieux dit la vérité justement là où il se laisse ramener avec cohérence à la philosophie. On notera d'ailleurs que la traduction des termes religieux en termes philosophiques a eu comme résultat la divulgation aux masses de la culture philosophique elle-même, *cf.* aussi D. Gutas, *Avicenna and the Aristotelian Tradition…*, p. 384 : « Philosophical interpretation of the Qur'ān had already started the first philosopher, Kindī, but Avicenna elevated it to new levels and effectively ensured its incorporation into mainstream Qur'ān interpretation (*tafsīr*), as the philosophical content of the huge commentary by the same Faḫr-ad-Dīn ar-Rāzī shows. In this fashion Avicenna brought philosophical ideas closer to the masses ». Cependant, il y a là un résultat paradoxal et opposé aux intentions propres d'Avicenne, selon lequel la philosophie est un domaine réservé à certains hommes seulement; voir par ex. *al-R. al-aḍḥawwiyya*, p. 37 et p. 135-137 : Platon et Pythagore ont utilisé le symbole (*ramz*), la métaphore (*tamṯīl*), et le discours caché (*nāmūsī*; *infra*, p. 55, n. 1).

dépend davantage de ceux qui *reçoivent* l'expérience du monde céleste et essaient de la décrire que de leur propre réalité et, en tant que telle, la prophétie dépend des facultés du prophète, dont la complexion matérielle détermine sa réception du flux [1]. La réception que le prophète a des intelligences célestes est la réception d'anges, et cela passe par des voix singulièrement audibles et des formes visibles. Avicenne l'affirme dans sa *Métaphysique* du *K. al- Šifā'*, en insistant sur l'importance de cette réception, et donc sur la préparation ou la disposition (*isti'dād*) à recevoir [2] qui la conditionne.

Mais il faut analyser de plus près la théorie avicennienne de la prophétie en tant que réception du flux. Dans le cadre général d'une conception selon laquelle le prophète est un homme comme les autres qui, en vertu de sa complexion matérielle, développe de façon extraordinaire les facultés humaines, Avicenne assigne une propriété de la prophétie à l'intellect, une autre au pouvoir imaginatif, et indique, enfin, une propriété prophétique qui explique les capacités motrices ou littéralement « poïétiques » du prophète. Cette dernière – à laquelle Avicenne ne consacre dans son livre *Sur l'âme* que de très courts passages, presque de simples allusions – est intimement liée au monde corporel : elle sert à expliquer l'une des voies par lesquelles l'âme humaine peut exercer une influence sur le monde physique extérieur à elle : les malades sont guéris, les méchants sont rendus malades, ce qui n'est pas feu est rendu feu, ce qui n'est pas terre est rendu terre… [3]. En un mot, cette propriété rend

1. *Ilāh.*, X, 2, p. 442, 17 ; X, 3, p. 443, 16.
2. *Ilāh.*, X, 1, p. 435, 12-436, 1.
3. *Nafs*, IV, 4, p. 200, 15-201, 3.

raison des miracles[1]. Quant aux deux autres propriétés, elles expliquent respectivement (mais non exclusivement) la compréhension (intellectuelle) et la représentation (imaginative) du réel.

On s'arrêtera d'abord sur la dernière, celle que l'on peut nommer – bien que ce soit par simplification – « imaginative », pour passer ensuite à la propriété qui relève de l'intellect. Mais avant cela, il faut préciser que la conception des propriétés de la prophétie apparaît ambiguë. Avicenne semble en effet parler à la fois de trois *propriétés* de la prophétie et de trois différents *genres* de prophétie[2] et, une fois prise au sérieux, cette distinction terminologique

1. *Nafs*, IV, 4, et en particulier, p. 200, 11-201; A. Elamrani-Jamal, « De la multiplicité des modes de la prophétie chez Ibn Sīnā », *in* J. Jolivet-R. Rashed (éd.) *Études sur Avicenne*, Paris, Les Belles Lettres, 1984, p. 136-138; *cf.* W. Morris, « The Philosopher-Prophet in Avicenna's Political Philosophy », *in* C. Butterworth (ed.), *The Political Aspects of Islamic Philosophy* : Essays in Honor of M.S. Mahdi, Cambridge (Mass.), Harvard University Press, 1992, p. 152-198, p. 193-196. La propriété dépend de l'imagination; voir aussi *Le livre de Science*, p. 82-87. Sur les miracles, les prodiges, les inspirations, les songes, cf. *l'Épître sur l'action et la passion* (*R. fī l-fi 'l wa-l-infi'āl*; ou *Les actions et les passions : R. fī l-af 'āl wa-l-infi'ālāt*); l'attribution à Avicenne est discutée (D. Reisman, *The Making of the Avicennan Tradition*, p. 146-147).

2. M. Afifi al-Akiti (« The Three Properties of Prophethood… ») soutient et défend avec des arguments textuels très forts, l'idée de propriétés de la prophétie; voir aussi L. Gardet, *La pensée religieuse d'Avicenne*, Paris, Vrin, 1951, p. 119-125 qui parle des trois « conditions » et A. Elamrani-Jamal, « De la multiplicité des modes de la prophétie… », p. 125-142, qui examine de prés la connexion entre théorie de la prophétie et hiérarchie des facultés de l'âme. Hasse, par contre, interprète les propriétés comme indiquant trois façons différentes d'entrer en contact avec le monde céleste qui représenteraient trois genres des prophétie (*Avicenna's* De anima *in the Latin West. The Formation of a Peripatetic Philosophy of the Soul 1160-1300*, London-Torino, The Warburg Institute-Nino Aragno, 2000, p. 154165); mais *cf.* aussi J. [Y.] Michot, « Prophétie et divination … », p. 509, 518-519.

révèle une différence assez importante : si pour être tel, le prophète doit avoir *les trois propriétés ensemble* (c'est en ce sens que l'on comprend par exemple *Ilāhiyyāt* X, 1 [1]), la prophétie apparaît comme un phénomène complexe qui implique en même temps l'intellect, la faculté imaginative et la faculté du prophète d'interagir avec le monde physique. En ce sens, la capacité intellectuelle du prophète – l'intellect saint (*al-ʿaql al-qudsī*) qui appartient, il faut le rappeler, au prophète comme au philosophe, et sans doute au philosophe de façon éminente – serait l'une des conditions de la prophétie. Si, en revanche, c'est de trois genres de prophétie qu'il faut parler, alors non seulement le philosophe lui-même sera « prophète », mais le sera aussi celui qui a des visions ou réalise des miracles. Or, d'un coté, Avicenne parle explicitement d'un prophète qui possède en soi les trois propriétés [2], de l'autre, il donne à l'intellection une importance telle [3] que définir un prophète seulement à partir de sa capacité d'avoir des visions ou de réaliser des prodiges serait vain (le prophète serait-il alors plus qu'un magicien ou qu'un visionnaire ?) [4]. On doit donc peut-être

1. *Ilāh.*, X, 1, p. 435, 15.

2. *Nafs*, IV, 6, p. 248-249 et cf. *Ilāh.*, X, 1, 435, 14-15. *Cf.* D. Hasse, *Avicenna's* De anima..., p. 157.

3. Dans son *Traité de l'âme*, une œuvre de jeunesse, Avicenne réduit la prophétie à la seule connaissance intellectuelle ; voir l'éd. d'Al-Ahouani, *Aḥwāl al-nafs: Risāla fī l-nafs wa-baqā'i-hā wa-maʿādi-hā. (Wa-ṯalāṯ rasā'il li-Ibn Sīnā).* Ḥaqqaqa-hā wa-qaddama ilay-hā Aḥmad Fu'ād al-Ahwānī (*Les états de l'âme par Avicenne*, Texte établi et introduction par A.F. al Ahouani, Le Caire, Issa El-Baby el-Halaby, 1952), p. 171 ; *cf.* J. [Y.] Michot, *La destinée de l'homme*..., p. 119 et n. 64.

4. L. Gardet (*La pensée religieuse*..., p. 122-125) analysait le rapport entre miracles (des prophètes) et prodiges des saints ; Avicenne discute la question dans le *K. al-Išārāt* mais sans vraiment distinguer entre *muʿǧizāt* des prophètes et *karāmāt* des saints ; voir aussi D. Hasse, *Avicenna's* De anima..., p. 160-165. Dans la *R. fī l-fiʿl wa-l-infiʿāl* (Maṭbaʿat Maǧlis Dā'irat

accepter l'alternative sans l'estimer tranchée : on peut bien entendre les trois *ḫaṣā'iṣ* dont Avicenne discute comme des propriétés de la prophétie (Avicenne les définit explicitement de la sorte[1]) et imaginer en même temps qu'elles peuvent exister de façon indépendante. D'un côté, la puissance prophétique comporterait trois propriétés ; réunies en un seul homme, ce serait les propriétés du prophète. Séparées les unes des autres, en revanche, elles ne seraient plus que telle ou telle propriété de l'homme, la modalité intellectuelle du contact avec le divin demeurant la plus importante des trois[2].

al-Maʿārif al-ʿUṯmānīya, Haydarābād 1353, p. 3-6 ; *supra*, n. 00), on trouve trois types de miracle, un pour chaque propriété ; Ö.M. Alper, « The Epistemological Value of Scriptural Statements in Avicenna… », p. 177-178. D'ailleurs, pour al-Ġazālī, qui suit en ce sens Avicenne, c'est la rationalité – et non les miracles – qui explique la prophétie (F. Griffel, « al-Ghazālī at His Most Rationalist. The Universal Rule for Allegorically Interpreting the Revelation (*al-Qānūn al-Kullī fī l-ta'wīl*) », *in* G. Tamer (ed.), *Islam and Rationality. The Impact of al-Ghazālī*, Leiden-Boston, Brill, 2015, p. 89-120.

1. *Nafs*, IV, 6, p. 248-249 et *Ilāh.*, X, 1, 435, 14-15.

2. Plusieurs éléments sont ici à distinguer : d'un coté, la tradition néoplatonicienne présente le pouvoir intellectuel sans prévoir un rôle fondateur pour la faculté imaginative – l'intellection est présentée comme abstraite et en soi indépendante de l'imagination (ainsi les intelligences célestes n'ont aucun lien avec le sensible et les images) ; de l'autre, Aristote affirme que penser implique toujours et nécessairement des images (*cf.* en particulier Arist., *De an.* 431a 16-17 ; 431b 2 ; 432a 3-12). Voir H. J. Blumenthal, « Neoplatonic interpretations of Aristotle on phantasia », *Review of Metaphysics*, 31 (1977), p. 242-257 ; V. Caston, « Why Aristotle Needs Imagination », *Phronesis*, 41 (1996), p. 20-55 ; M. Schofield, « Aristotle on the Imagination », *in* G.E.R. Lloyd, G.E.L. Owen (eds.), *Aristotle on Mind and the Senses*, Cambridge, Cambridge University Press, 1978, p. 99-141 (re-imprimé *in* M. C. Nussbaum, A. Oksenberg Rorty (eds.), *Essays on Aristotle's De anima*, with an additional essay by M.F. Burnyeat, Oxford, Clarendon Press, 1992 [1995], p. 249-277) et la synthèse de A. Linguiti, « Immagine e concetto in Aristotele e Plotino », *Incontri triestini di filologia classica*, 4 (2004-2005), p. 69-80. D'un coté,

IIc. *Prophétie et imagination.* Le discours sur la prophétie imaginative présente plusieurs difficultés. Premièrement, la question de la possibilité d'une traduction sensible et particulière des données universelles de la vérité absolue : s'il existe une prophétie « imaginative », c'est que la vérité peut se traduire – sans quoi, quelle valeur aurait la prophétie ? – dans le champ du particulier, ce dernier devant en somme incarner les caractères de la vérité pour correspondre à ce qui est sans changement, sans contingence, nécessaire et stable [1]. La prophétie imaginative prétend en ce sens être l'opposé de l'abstraction (*taǧarrud*) : au lieu de dériver l'universel à partir du particulier, elle présenterait l'universel et sa vérité dans le particulier lui-même, là même pourtant où c'est à la connaissance intellectuelle (et donc éminemment à l'abstraction) que l'on devrait reconnaître le statut de vérité nécessaire [2]. La revendication du pouvoir de l'imagination prophétique est donc en ce sens aporétique :

il est donc possible de définir la propriété intellective comme indépendante de la propriété imaginative, de l'autre, l'indépendance de toute faculté est problématique; la faculté imaginative est, par exemple, toujours *de l'homme* et on ne peut pas diviser l'homme en « parties » qui seraient indépendantes l'une de l'autre. Sur l'imagination chez Avicenne, voir d'un coté, J. [Y.] Michot, par exemple, « Cultes, magie et intellection : l'homme et sa corporéité selon Avicenne », *in* Ch. Wénin (éd.), *L'homme et son univers au Moyen Age. Actes du congrès international de Philosophie médiévale* 30 août-4 septembre, 1982, Louvain-la-Neuve 1986 (par ex. p. 223-224); de l'autre, D. Gutas, « Imagination and Transcendental Knowledge in Avicenna », *in* J. E. Montgomery (ed.), *Arabic Theology, Arabic Philosophy. From the Many to the One : Essays in Celebration of Richard M. Frank*, Leuven-Paris-Dudley Ma., Peeters-Departement Oosterse Studies, 2006, p. 339-341 ; et p. 339, n. 2 sur la traduction arabe du terme aristotélicien *phantasía*.

1. Cf. *Kitāb al-ši'r*, I, 5, p. 54, 16-17.

2. Pour tenter de résoudre la question, il faudrait se référer à la définition avicennienne de l'universel. On ne peut pas rentrer dans les détails, mais des textes utiles se trouvent en *Ilāh.* V, 1-2 ; voir aussi la solution proposée par M. Sebti, « Le statut ontologique de l'image dans

elle repose sur la dimension singulière et contingente d'un événement, mais également sur la singularité d'un mot ou d'une image, en prétendant trouver une valeur universelle à ce qui en soi ne devrait faire l'objet que d'une perception corporelle ou d'une opinion. En outre – et on ne fait qu'exprimer dans les termes techniques du système d'Avicenne la même question – attribuer la prophétie au pouvoir imaginatif (*taḫayyul, al-mutaḫayyila*), c'est-à-dire à une puissance qui, en tant que puissance « animale », est mortelle et matérielle, serait problématique parce que cela signifierait prêter au corps un contact impossible avec le monde céleste, spirituel (tout comme serait impossible de défendre l'idée d'une connaissance des images particulières de la part de l'intellect humain) [1].

Or, même s'il est ambigu (très souvent Avicenne ne parle que d'« âme » en général), Avicenne distingue la

la doctrine avicennienne de la perception », *Arabic Sciences and Philosophy*, 15 (2005), p. 109-140.

1. D. Gutas insiste sur cette question, « Imagination and Transcendental Knowledge in Avicenna ... », p. 339-341 ; *cf.* aussi D. Hasse, *Avicenna's* De anima..., p. 159, en soulignant qu'on ne peut prêter à Avicenne l'idée farabienne d'une prophétie proprement imaginative : pour Avicenne, c'est l'intellect pratique qui joue le vrai rôle récepteur chez le prophète. Ce point avait déjà été souligné par J. [Y.] Michot, *La destinée de l'homme...*, p. 118-133. Il faut pourtant insister, d'un côté, sur le fait que l'âme humaine est pour Avicenne un tout : l'âme rationnelle comprend en soi les âmes animale et végétative (D. Gutas, « Imagination and Transcendental Knowledge... », n. 34 p. 348) et, de l'autre, sur le rapport entre l'âme rationnelle et son côté animal, qui est positivement affirmé par Avicenne ; *Nafs*, IV, 2 et encore *cf.* D. Gutas, « Intellect without Limits : the Absence of Mysticism in Avicenna », *in* M.C. Pacheco, J. F. Merinhos (éd.), *Intellect et imagination dans la Philosophie médiévale / Intellect and Imagination in Medieval Philosophy / Intellecto e Imaginação na Filosofia Medieval*, Actes du XIe Congrès International de Philosophie Médiévale de la S.I.E.P.M, Porto 26-31 août 2002, Turnhout, Brepols, 2006, I, p. 351-372, IIe partie).

puissance prophétique intellectuelle de celle qui est « imaginative »; celle-ci est la propriété par laquelle le prophète ne connait pas les universaux (à la différence de l'intellect qui lui permettrait de comprendre les choses en elles-mêmes), mais les particuliers tels qu'ils deviennent concrets dans les images. Elle est en ce sens en premier lieu la faculté qui explique les visions et les songes qui donnent accès à l'invisible (*al-ġayb*), voire aux événements particuliers du passé et du futur[1], ce qui correspondrait à la signification littérale du terme *prophēteia* (s'il est vrai qu'un prophète est quelqu'un qui prédit les événements futurs[2]); en deuxième lieu, elle est la faculté qui traduit dans des données particulières les vérités absolues connues par l'intellect théorétique (mais le sens de cette traduction doit être bien compris)[3].

Voyons donc de près cette sorte de propriété de la prophétie (*ḍarb min ḫawāṣṣ al-nubuwwa*). Avicenne la présente dans le texte où il discute non seulement des visions et des rêves véridiques, mais aussi des visions et des songes fautifs. Dans le quatrième traité du *Livre de*

1. Pour le sens que le terme *al-ġayb* indiquerait éminemment chez Avicenne, voir la troisième partie de D. Gutas, « Intellect without Limits… ». En soi, le terme renvoie à ce qui est absent et donc caché, mystérieux, *cf.* A. de Biberstein-Kazimirski, *Dictionnaire arabe-français… s.v.* Les choses cachées sont des intelligibles (*ma'qūlāt*), ou bien des prévisions (*inḏārāt*), des poésies (*ši'r*) ou autres choses selon la préparation, l'habitude, la constitution du récepteur, cf. *K. al-Nafs : Avicenna's* De anima…, IV, 2, p. 174, 5-7.

2. Le premier sens de prophétie en arabe (*nubuwwa*) renvoie en effet à la prédiction (T. Fahd, « Nubuwwa », in *E.I.*[2]); la correspondance avec le grec n'est toutefois pas parfaite : la signification originaire de la révélation est celle de suggestion (*supra*, p. 7-13) et la seule indication possible d'une prédiction événementielle pour Muḥammad (Cor. XXX, 2-3) est ambiguë.

3. D. Gutas, « Imagination and Transcendental Knowledge… », p. 344; W. Morris, « The Philosopher-Prophet… », p. 192.

l'âme, tandis qu'il discute de la faculté formatrice et cogitative, et qu'il intégre ainsi dans son discours les données qui lui venaient des *Parva Naturalia* d'Aristote [1], Avicenne présente la prophétie imaginative en attribuant un rôle-clé aux facultés sensibles de l'âme, à la faculté imaginative (et à l'intellect pratique), et finalement à la réception. L'idée fondamentale de ce qu'Avicenne appelle ici « la prophétie qui est spécifique à la puissance imaginative » (*al-nubuwwa al-ḫāṣṣa bi-l-quwwa al-mutaḫayyila*) [2], et qui est donc ce qu'elle est précisément *en vertu* de cette puissance imaginative, est la même que celle qui explique les visions, y compris – en principe – celles qui sont fautives. L'homme est capable d'entendre des voix et de voir des couleurs – des

1. *K. al-Nafs*, IV, 2. L'élaboration arabe de ce texte a constitué une source importante pour la prophétologie philosophique de langue arabe; *cf.* C. di Martino, « Parva naturalia. Tradition arabe », *in* R. Goulet (dir.), *Dictionnaire des Philosophes Antiques*. Supplément, Paris, CNRS éditions, 2003, p. 375-378; R. Hansberger, « *K. al-ḥiss wa-l-maḥsūs*. Aristotle's *Parva Naturalia* in Arabic Guise »...; *cf.* aussi *supra*, p. 24, n. 1). Un témoignage intéressant de la transmission des *Parva naturalia* dans le monde arabe est *al-Risāla al-Manāmiyya*, qui, attribuée à Avicenne, serait en effet un traité de Abū-Sahl al-Masīḥī, selon les témoignages de Bayhaqī et d'Ibn-Abī-Uṣaybi'a. D. Gutas, « The Study of Avicenna. Status quaestionis atque agenda », *Documenti e Studi sulla Tradizione Filosofica Medievale*, 21 (2010), p. 45-69 (p. 51) et H. Daiber, « Science Connecting Scholars and Cultures in Khwārazm. The Case of Khwarazmshah Ma'mūn Ibn Ma'mūn », *in* Wan Mohd Nor Wan Daud-M. Zainiy Uthman (eds.), *Knowledge, Language, Thought and the Civilization of Islam. Essays in Honor of Sayed Muhammad Naquib al-Attas*, Kuala Lumpur, UTM Press, 2010, p. 283-294. Un autre texte concernant la question des rêves est le *Liber de somno et visione* attribué à al-Kindī; cf. *Beiträge zur Geschichte der Philosophie und Theologie des Mittelalters*, vol. 2, éd. Albino Nagy, Münster, Aschendorff, 1897, p. 12-27 (pour la traduction voir P. Adamson, P. Pormann, *The Philosophical Works of al-Kindī*, Oxford, Oxford University Press, 2013, p. 124-133; *Cinq Épîtres*, Paris Éditions du CNRS, 1976). Dans ce même contexte, *cf. L'Épitome des* Parva Naturalia d'Averroès.

2. *K. al-Nafs*, IV, 2 (éd. Rahman, *Avicenna's De anima*, p. 173, 20-21).

images en couleurs – qui n'ont pas d'existence dans le monde extérieur (*laysa la-hā wuǧūd min ḫāriǧ*) et qui – le passage est important – n'ont aucune de leur causes dans le monde extérieur (*wa-lā asbābu-hā min hāriǧ*)[1]. La cause de ce que l'homme commun et le prophète entendent ou voient réside dans leur façon de recevoir le flux[2]; pourtant, les causes de la réception sont à leur tour à la fois internes – un élément (*sabab min al-asbāb*) qui concerne les actions de l'imaginative (*al-taḫayyul*) et de la cogitative (*al-fikra*) – ou externes. Dans ce dernier cas, elles résident dans certaines des représentations ou configurations célestes (*al-tašakkulāt al-samāwiyya*). En général ces causes, qu'elles soient internes ou externes, réussissent à exercer leur influence lorsque les puissances intellectuelles (*al-quwā al-ʿaqliyya*) ne sont pas en éveil, mais au repos, ou que l'estimative n'exerce aucune fonction de contrôle : les visions, de fait, arrivent surtout dans le sommeil. C'est seulement l'excellence qui le caractérise, à la fois dans sa puissance intellectuelle et dans sa puissance imaginative, qui permet au prophète d'être assisté dans sa vision par l'intellect pratique, lequel est justement orienté vers le corps et le coté imaginatif de la réalité. C'est ainsi que le prophète « voit », sans avoir recherché sa vision, non seulement dans

1. *K. al-Nafs*, IV, 2 (éd. Rahman, *Avicenna's De anima*, p. 170, 5-14; pour l'état de sommeil, de maladie et de peur, *cf.* p. 172, 9-173, 8; pour la prophétie spécifique de la puissance imaginative, *cf.* p. 173, 9-21; en général, p. 169-182); voir aussi *Le Livre de science*, traduit par M. Achena et H. Massé, II, Paris, Les Belles Lettres-Unesco, 1986, p. 89-90 et plus en général p. 78-90; *K. al-Mabda' wa-l-maʿād*, p. 119. Sur les visions et le contact avec le monde céleste, cf. *Išārāt*, en particulier X (éd. Dunyā, quatrième partie, X).

2. On retrouve cette idée *in nuce* dans A. Elamrani-Jamal, « De la multiplicité des modes de la prophétie... », p. 131-136.

le sommeil, mais aussi à l'état de veille [1]. L'intellect pratique a son autonomie et sa légitimité cognitive à l'égard de la faculté des images et il est en ce sens appelé à légitimer à son tour l'activité imaginative la plus élevée – celle du prophète – qui sert à expliquer les rêves et les révélations provenant des âmes du ciel [2]. Il y a pourtant un détail qu'il faut souligner. En décrivant les visions (fautives) des malades et des fous, Avicenne parle de la *possibilité* d'une certaine impression, qui n'est pas une impression dans l'imaginative mais *dans le sens commun lui même* (*amkana an yartasima dālika fī l-ḥissi al-muštaraki nafsi-hi ʿalā hay'ati-hi*). Ce qui rend spéciale la perception produite par l'imaginative, c'est en effet que ce qui se présente de la forme est représenté comme une donnée sensible (*maḥsūsa*), là où un rôle précis doit être attribué au sens commun, « le plus intérieur » des sens [3]. Or, s'il est vrai que la vision et la vision prophétique expriment le même mécanisme, il faut en conclure que la

1. *K. al-Nafs*, IV, 2, éd. Rahman, *Avicenna's De anima*, p. 173, 9-21. *Cf.* J. [Y.] Michot, *La destinée de l'homme*..., p. 118-125; D. Gutas, « Imagination and Transcendental Knowledge... », p. 349-351.

2. Pour l'intellect pratique, voir M. Sebti, « La distinction entre intellect pratique et intellect théorique dans la doctrine de l'âme humaine d'Avicenne », *Philosophie*, 77 (2003), p. 23-44; O. Lizzini, « Vie active, vie contemplative et philosophie chez Avicenne », dans Ch. Trottmann (éd.), *Vie active et vie contemplative au Moyen Âge et au seuil de la Renaissance*, Rome, École Française de Rome, 2009, p. 207-239. Le prophète est parfait dans les puissances théorétiques comme dans les puissances pratiques de l'âme : si l'intellect théorétique est le réceptacle de la prophétie intellectuelle, l'intellect pratique est le véritable réceptacle de la prophétie imaginative; *cf.* le commentaire à Cor. LXXXVII, attribué à Avicenne (H. Āsī, *al-Tafsīr al-qur'ānī*...., p. 96-103, p. 97, ll. 17-102 en particulier, et encore, J. Janssens, « Avicenna and the Qur'ān ... », p. 186; M. Abdul Haq, « Ibn Sīnā's Interpretation of the Qur'ān... »)

3. Voir *K. al-Nafs*, IV, 2, éd. Rahman, *Avicenna's De anima*, p. 170, 9-14; J. [Y.] Michot, *La destinée de l'homme*..., p. 154-156. M. Sebti, « Le statut ontologique de l'image... », p. 117-118.

vision, le rêve et l'expérience théo-pathique sont des expériences que l'on pourrait définir comme « sensibles ». En d'autres termes, *le prophète n'imagine pas l'ange : il le perçoit* et pourtant cette perception ne correspond à aucun élément de la réalité extérieure (l'ange n'a pas d'existence *physique*). Il faut ici faire bien attention. Si dans les visions fautives (comme celles qui appartiennent au fou, à l'homme ivre ou au malade), ce qui n'existe pas est la réalité externe et physique qui devrait justifier la perception sensible (en ce sens, la vision *produit* ce qui n'existe pas), la vision prophétique est la perception physique d'une donnée spirituelle et donc intelligible [1] : le prophète « voit » ce qui, tout en n'existant pas en tant que réalité visible, existe en tant que réalité intelligible (en ce sens, la vision *traduit* en images ce qui existe intellectuellement). A la vision du prophète correspond donc une réalité externe, qui n'est pourtant ni celle qui est physique ni celle (qui serait interne) de l'imaginative et qui justifie la perception elle même. L'ange n'existe pas en tant que tel : c'est l'intelligence séparée dont la philosophie déduit l'existence qui existe et donne vérité à la vision du prophète qui est créée par l'imaginative (ou imagination composante) [2]. Un passage

1. Les deux termes – *rūḥānī* et *ʿaqlī* – sont souvent synonymes tout comme *rūḥ* et *ʿaql*, cf. *Ilāh.* IX, 7, p. 425, 15 *sq.* où Avicenne parle des « substances spirituelles ». Pour les termes dans les textes néoplatoniciens, voir G. Endress, « Platonizing Aristotle : The Concept of Spiritual (rūḥānī) as a Keyword of the Neoplatonic Strand in Early Arabic Aristotelianism », *Studia Graeco-Arabica*, 2 (2012), p. 265-279.

2. Sur ce point et sur l'image-imitation, *cf.* M. Sebti, « Le statut ontologique de l'image… ». A la question de la perception vient s'ajouter sur le plan théorétique celle de l'intellection des êtres fictifs qui sont pour Avicenne le résultat de l'élaboration intellectuelle d'une image (et qui, en tant que tels, ne peuvent pas survivre à l'absence de l'imagination qui se produit lors de la mort), *cf.* J. [Y.] Michot, « L'"Épître sur la disparition des formes intelligibles vaines après la mort" d'Avicenne. Édition critique,

de la *Métaphysique* dévoile tout le sens de la vision prophétique :

> le plus excellent parmi les hommes, c'est celui dont l'âme est arrivée à la perfection en tant qu'intellect en acte et qui est tel qu'il a acquis ces mœurs qui sont les vertus pratiques. Et encore, le plus excellent parmi ceux-ci, c'est celui qui est *préparé* <ou disposé> au rang de la prophétie. C'est celui qui a dans ses facultés psychiques les *trois propriétés* que nous avons mentionnées ; il (*wa-huwa*) entendra la parole (*kalām*) de Dieu, le Très Haut, il verra ses Anges – qui se seront transformés pour lui en une forme qu'il pourra voir. Nous avons montré comment cela se passe et nous avons rendu évident qu'à un <homme> pareil, voire *à celui à qui une révélation est faite, les anges apparaissent comme des images, et qu'à son ouïe une voix va se produire, <une voix> qu'il entend provenir de la part de Dieu et des anges* ; il entend ainsi sans [436, 1] qu'elle soit parole d'homme ou d'animal terrestre. C'est celui-là celui à qui révélation est faite [1].

IId. *Imaginative, traduction et prophétie intellectuelle.* Dans le besoin légitime de résoudre à la fois les difficultés mentionnées (savoir comment une faculté mortelle pourrait entrer en contact avec le monde spirituel) [2] et l'ambiguïté

traduction et notes », *Bulletin de Philosophie Médiévale*, 29 (1987), p. 152–170 ; *cf.* D. Black, « Avicenna on the Ontological and Epistemic Status of Fictional Beings », *Documenti e Studi sulla Tradizione Filosofica Medievale*, 8 (1997), p. 425-453.

1. *Ilāh.*, X, 1, p. 435, 12-436, 1 (traduction légèrement modifiée ; Avicenne, *La Métaphysique du* Shifā', livres VI à X, Paris, Vrin, 1985, p. 169-170). Pour la lecture *wa-huwa*, Avicenna, *Metafisica*, p. 999 et n. 8 p. 1263-1264 et A. Afifi al-Akiti, « The Three Properties of Prophethood ... », p. 194, n. 16.

2. Des difficultés essentielles se présentent même sans s'interroger sur le rôle de l'imaginative : comment faut-il interpréter la pré-connaissance des événements particuliers ? Est-elle une pré-connaissance des âmes

foncière d'Avicenne, qui se réfère à l'imaginative et à l'âme (ou à l'âme rationnelle) à la fois, des interprètes majeurs de la pensée avicennienne comme Yahyā Michot, Dag Nikolaus Hasse et Dimitri Gutas ont mis en évidence que ce n'est pas la réception (c'est-à-dire la réception du flux) qui doit être attribuée à l'imaginative, mais la transformation, voire la traduction, des données reçues. En d'autres termes, la communication entre le monde divin et le monde humain du prophète doit être rapportée, même dans le cas de la prophétie imaginative, à l'intellect. Quand Avicenne parle du contact entre les Âmes célestes et l'âme humaine et de la correspondance (*munāsaba*) ou de l'homogénéité (*muǧānasa*) qui en permet la communication [1], c'est à l'intellect pratique qu'il se réfère – les âmes des cieux sont d'ailleurs identifiées avec les « anges opératifs » exactement en vertu de l'intellect pratique qui en explique l'être [2] – et l'imaginative n'aurait que le rôle de transposer les données reçues par l'intellect pratique dans les images de la réalité sensible. D'ailleurs, l'imaginative traduit chez le prophète également les formes reçues par l'intellect théorétique. La puissance imaginative a donc un rôle négatif, comme

célestes et faut-il donc ici repérer la démonstration d'un très fort déterminisme ? Pour cette lecture, voir Avicenne, *Réfutation de l'astrologie*, édition et traduction du texte arabe, introduction, note et lexique par Y. [J.] Michot, Beyrouth, Al-Bouraq, 2006 ; *cf.* déjà Y. Michot, « Prophétie et divination ... » ; C. Belo, *Chance and Determinism in Avicenna and Averroes*, Leiden, Brill, 2007. A la question du déterminisme, on ne peut cependant pas répondre sans expliquer le véritable sens de la providence chez Avicenne, une providence qui ne concerne pas les individus, mais les espèces ; j'ai présenté des remarques à ce propos dans *Fluxus*..., p. 451-482 ; 510-514.

1. *Nafs*, IV, 2 ; *Avicenna's De anima*..., p. 178, 11-182 ; *cf.* D. Gutas, « Imagination and Transcendental Knowledge ... », p. 343-344 ; M. Sebti, « Le statut ontologique de l'image ... », p. 125-126.

2. *Ilāh.*, X, 1, p. 435, 6-9 ; *cf.* aussi *Angeli*..., p. 1854 et n. 26.

l'explique Michot, en ce qu'elle n'empêche pas le contact de l'âme humaine avec les âmes célestes, et un rôle positif, en vertu duquel elle traduit les formes universelles en langage : elle traduit les formes dans la répétition des expressions qui est nécessaire à la parole de Dieu en « dégradant » ainsi l'épiphanie divine[1].

C'est donc dans ce même contexte qu'il faut interpréter la prophétie intellectuelle lorsqu'elle doit donner substance à la vérité de ce qui est perçu et traduit en images. Avicenne – c'est le passage que l'on a déjà évoqué à propos de l'intellect saint – s'y réfère dans le cinquième traité de son *Livre sur l'âme* (V, 6), en renvoyant encore une fois à l'idée foncière de la préparation, une *puissante préparation* à la connaissance et à l'intellection, qui est l'intuition (*hāḏā al-istiʿdād al-qāwī ḥads*). Dans certains individus – déclare Avicenne – la préparation intellectuelle peut être tellement intense que pour réaliser leur conjonction à l'intellect agent, ceux-ci n'ont pas besoin de beaucoup de choses : ils ne nécessitent ni exercice ni apprentissage. C'est comme si ces individus pouvaient rejoindre le stade avancé de leur préparation de façon immédiate; ou bien, c'est comme s'ils pouvaient connaître tout à partir d'eux-mêmes[2]. Ce

1. J. Michot, *La destinée de l'homme*..., p. 129 et n. 113 p. 129-130.

2. La notion de *ḥads* est fondamentale dans l'interprétation que D. Gutas donne du système avicennien et de ce qu'il appelle sa « métaphysique de l'âme rationnelle »; il faut d'ailleurs rappeler que, pour illustrer cette capacité, Avicenne se réfère à lui-même, *cf.* D. Gutas, *Avicenna and the Aristotelian Tradition*...; « Intuition and Thinking. The Evolving Structure of Avicenna's Epistemology », *in* R. Wisnovsky (ed.), *Aspects of Avicenna*, Princeton, Markus Wiener, 2001, p. 1-38; « Avicenna : The Metaphysics of the Rational Soul », *The Muslim World*, 102 (2012), p. 417-425.

degré (*darağa*) de préparation, qui est souvent présenté comme éminemment philosophique[1],

> <…> est le plus élevé des <divers degrés> de cette *préparation* et il est nécessaire que l'on donne à cet état de l'intellect matériel le nom d'*intellect saint* (*ʿaql qudsī*). Il est quelque chose qui appartient au <même> genre que l'intellect *in habitu*, mais il est vraiment sublime (*rafīʿ*) et tel que n'y participe pas toute l'humanité. Et il n'est pas invraisemblable que certaines de ces actions qui <doivent> être référées à l'esprit saint (*al-rūḥ al-qudsiyya*) arrivent à effluer (*tafīḍu fayaḍānan*) – à cause de leur puissance et de leur éminence – *sur l'imaginative*; l'imaginative va alors les imiter même par des images sensibles et par des discours audibles du même genre que ceux qu'on a déjà indiqués[2].

1. *Le Livre de Science*, p. 88-89 où Avicenne se réfère à lui-même : « Il se peut encore que quelqu'un soit [un être] rare, qui parvienne, quand il le veut, sans professeur et en un temps très court, [à la connaissance] des sciences, depuis leur principe jusqu'à leur fin, par voie d'intuition – cela grâce à son union parfaite avec l'intellect actif, au point qu'il n'ait nullement à réfléchir et qu'il présume que [cette connaissance] est répandue en son cœur [en partant] d'un lieu [invisible] (croyance qui est la vérité même). Et c'est de ce personnage que doit venir le principe de l'enseignement donné aux hommes. Il ne faut pas s'étonner, car nous-mêmes avons connu quelqu'un qui n'était pas à ce degré, qui apprenait les choses par réflexion et avec effort, mais qui était pourtant dispensé d'effort excessif par la puissance de son intuition intellectuelle […] » ; à voir encore les lieux discutés par D. Gutas, *Avicenna and the Aristotelian Tradition…*

2. *Nafs* V, 6, *Avicenna's De anima …*, p. 248, 16-249, 3 ; cf. *Liber de anima*, p. 151, 84-152, 90. Pour le passage et la prophétie en général, *cf.* aussi D. Gutas, « Avicenna : De anima (V, 6). Über die Seele, über Intuition und Prophetie », *in* K. Flasch (hrsg. von), *Interpretationen. Hauptwerke der Philosophie. Mittelalter*, Stuttgart, Reclam, 1998, p. 97 (et p. 96-98 ; l'*Épître sur l'établissement des prophéties* y est citée) ; « Imagination and Transcendental Knowledge… », p. 345 ; *Avicenna and the Aristotelian Tradition….*, p. 182 qui pour *tafīḍu fayaḍānan* a « are forced to overflow ».

L'imaginative a donc un rôle dans la réception de l'intellect pratique (c'est ce qui explique les visions des particuliers), mais elle a aussi – du moins à lire ce passage – un rôle qui est lié à la réception de l'intellect théorétique et qui est finalement presque un rôle de réception. Bref, s'il est vrai qu'Avicenne attribue à l'intellect pratique la réception et à l'imaginative la traduction du flux reçu en images, il est aussi vrai que dans certains cas les données « universelles » qui viennent de l'Intellect Agent jusqu'à l'intellect du prophète [1] et sont destinées à la réception de l'intellect théorétique intéressent l'imaginative elle même. Si l'interprétation de ce passage est correcte, il y a une relation aporétique mais précise entre la propriété imaginative et la propriété intellectuelle de la prophétie. Si cette dernière représente la puissance par laquelle le prophète, comme le philosophe (ou surtout le philosophe), reçoit et donc comprend le tout (on est ici au niveau de l'universel et de ce qui est intellectuel), la prophétie (imaginative) est non seulement la puissance par laquelle le prophète *traduit* ce qu'il reçoit de la part des représentations des âmes célestes, mais aussi la puissance par laquelle le prophète semble *pouvoir recevoir voire traduire* le même flux intellectuel qui justifie, soutient et remplit sa connaissance. C'est l'intellect pratique – il faut y insister – qui gère et contrôle les activités de l'imaginative (et les émotions), mais Avicenne est ambigu et il attribue à

1. L'Esprit saint – *al-rūḥ al-qudsiyya / al-rūḥ al-qudsī* – est en général compris comme étant l'intellect saint du prophète (le texte latin a ici, *Liber de anima*, p. 151, 86 et sgg. « Non est autem longe ut, ab his actionibus comparatis ad intellectum sanctum potestate earum et virtute, emanet aliquid ad imaginativam quod imaginativa repraesentet etiam secundum exempla visa vel audita verba, eo modo quo praediximus ») ; il faut toutefois remarquer que dans certains écrits l'Esprit saint est assimilé à l'intellect agent ; cf. *Angeli*, p. 1885, n. 7 ; *Ilāh.*, X, 2, p. 442, 9 : *al-rūḥ al-muqaddas*.

l'imaginative un rôle qui est presque de réception. D'ailleurs, comment doit-on comprendre la réception d'un flux intellectuel sur l'imaginative ? Pourrait-on lui donner un autre sens que celui de la traduction des données intellectuelles en données imaginatives[1] ? Ou, de façon analogue, comment doit-on comprendre la possibilité d'une traduction particulière d'une vérité absolue que seul l'intellect pourrait gérer ? Peut-être devrait-on insister sur le fait que le pouvoir imaginatif de l'homme est en tant que tel irréductible à celui de l'animal justement parce qu'il est *de l'homme*. Avicenne n'a en effet aucune théorie méréologique de l'âme : l'âme est un tout et elle est perçue comme un tout même dans la différence de ses facultés[2].

L'homme voit donc l'ange – le moyen de la révélation – avec une forme qui n'est pas celle de l'ange réel (l'intelligence), et il en entend le discours en vertu d'une voix qui dépend davantage des capacités du prophète que de la réalité de ce qui est perçu. C'est à la lumière de la réception et donc encore des potentialités du prophète que l'on explique la prophétie imaginative, mais aussi la

1. Voir en ce sens *Ta'līqāt*, p. 82 éd. Badawī cité par J. [Y.] Michot, *La destinée de l'homme …*, p. 126-133 et aussi les remarques de F. Lucchetta, *al-R. al-aḍḥawiyya*, p. 60 n. 1 ; pour une interprétation forte du rôle récepteur de l'imaginative, *cf.* L. Gardet, *La pensée religieuse…*, p. 119-125 ; F. Rahman, *Prophecy in Islam…*, p. 30-64 ; M. Marmura, « Avicenna's psychological Proof of Prophecy… ». Pour le rôle de l'imaginative dans la formation de l'image, *cf.* M. Sebti, « Le statut ontologique de l'image … », p. 125-126. Que la traduction prophétique dans l'image soit aussi en même temps une réception permet de comprendre pourquoi et comment elle se distingue de la traduction opérée par le philosophe qui utilise des métaphores dans ses œuvres. Pour quelques références bibliographiques sur ce thème chez Avicenne, *infra*, p. 60-61, n. 2.

2. L'imaginative est appelée aussi de manière différente : elle est *al-mufakkira* chez l'homme, alors que chez l'animal elle est *al-mutaḫayyila*. Mais voir les objections de D. Hasse, *Avicenna's* De anima *in the Latin West…*, p. 159 et de D. Gutas, *Avicenna and the Aristotelian Tradition.*

prophétie elle-même. Concevoir le prophète comme celui qui utilise son imagination pour *traduire* des données intelligibles ou spirituelles signifie penser au prophète comme à celui qui *traduit en images* des données intelligibles ou spirituelles *dans le moment même où il les reçoit* : le prophète est aussi (ou plutôt) celui qui perçoit les données du flux d'une façon qui implique à la fois l'activité réceptrice de l'intellect pratique (et théorétique) et l'activité productrice de l'imaginative et qui, non pas seulement en décrivant et en communiquant son expérience, mais déjà en l'actualisant, ne peut que la traduire dans les termes de l'imagination : en d'autres termes, la vision est elle-même une traduction. C'est en ce sens, je crois, que l'on peut soutenir – avec Gardet – que la perfection de la vertu imaginative « permet à l'inspiration intérieure (*ilhām*) de l'intellect de se transformer en révélation prophétique (*waḥy*) »[1].

Quant à la prophétie intellectuelle, Avicenne en explique le sens également dans son *Livre de l'âme*. L'intellect saint est le raffinement dernier et exceptionnel de l'intellect (*in habitu*), et donc le raffinement du dernier et plus parfait degré de l'intellection. En effet, Avicenne indique ainsi non pas seulement l'intellect du prophète, mais aussi, ou surtout, sa meilleure disposition, la manière la plus rapide de rejoindre l'actualisation maximale de l'intelligence humaine ou de l'intellect *in habitu*. L'intellect saint est en fait conjoint immédiatement à l'intelligence agente et donc aux formes universelles, sans la nécessité de la médiation (c'est-à-dire de la préparation graduelle) que l'on repère normalement chez les hommes qui, pour comprendre,

1. L. Gardet, *La pensée religieuse*…, p. 121 ; J. [Y.] Michot, « Prophétie et divination … », p. 511, p. 509 : l'imaginative sert l'intellect pratique « en imitant par des images la révélation qu'il reçoit ».

doivent apprendre et étudier. Dans le cas exceptionnel de l'intellect saint, la réception des formes est directe, sans apprentissage, sans expérience. L'intellect est toujours prêt (préparé ou disposé) à la réception des intelligibles. Avec cette notion, Avicenne n'explique pas que le phénomène particulier de la prophétie, mais celui fondamental qui concerne l'exceptionnelle capacité intellectuelle, celle du prophète comme celle du philosophe. Le caractère exceptionnel de la prophétie est donc réduit à celui de la connaissance et, intégré à l'anthropologie, il est humanisé. La doctrine se nourrit, d'ailleurs, de l'interprétation de l'idée aristotélicienne de l'*eustochia*, la faculté qui explique l'extraordinaire intuition de certains hommes [1]. La même connaissance exceptionnelle est révélation chez le prophète (et elle implique alors un rôle précis pour le pouvoir imaginatif) et intuition ou appréhension instantanée du moyen terme chez l'homme doué de *ḥads*. L'« intellect saint » n'est d'ailleurs pas au-dessus de l'intellect acquis (qui coïncide avec la compréhension elle-même) : il constitue plutôt la perfection absolue de l'intellect matériel humain. Le contenu de la prophétie intellectuelle dont Avicenne discute dans son *Livre de l'âme* (*K. al-Nafs*, V, 6), la prophétie selon laquelle l'intellect du prophète est l'intellect saint qui n'a besoin d'aucun intermédiaire pour saisir la vérité et qui constitue le degré maximal de l'actualisation de l'intellect matériel, est en soi entièrement philosophique et appartient donc – là où il reste intellectuel sans se transformer dans aucune vision – éminemment au philosophe [2].

1. D. Gutas, *Avicenna and the Aristotelian Tradition*... ; « Intuition and Thinking... ».

2. *Avicenna's De Anima*, ed. Rahman, p. 248, 16-19 ; D. Gutas, « The metaphysics of the rational soul... », p. 422 : « The prophet's intellection

III. *Prophétie et symbolisme : la question du langage*

IIIa. *Pourquoi le symbole et qu'est-ce qu'un symbole?* On a vu les implications majeures du sens philosophique de la révélation en tant que flux. On va maintenant s'arrêter sur le second des deux points que l'on a indiqués à propos de l'identification entre les données religieuses et les vérités philosophiques : celui du langage et donc du symbole. D'un coté, les figures et les données de la religion sont, on l'a vu, la réception et la traduction symbolique et imaginative de la *même* vérité que celle accessible à travers la philosophie; de l'autre coté, elles sont une expression mineure ou inférieure de cette même réalité, leur but étant de rejoindre ceux qui ne peuvent pas saisir le contenu rationnel de la réalité – et cela même si, comme on le verra, ce discours peut concerner les philosophes eux-mêmes auxquels parfois l'on doit adresser un discours symbolique ou simplement « indicatif »[1]. Or, cette identification entre la langue de la religion (voire de l'imagination) et la langue de la philosophie (le langage du raisonnement abstrait et spéculatif) nous oblige à nous poser au moins deux questions interdépendantes. La première concerne la fonction et finalement l'utilité des symboles et des images : 1. Pourquoi serait-il nécessaire d'*exprimer* la vérité – la vérité que la philosophie seule découvre et comprend – à travers un langage qui n'est pas celui de la philosophie? La deuxième intéresse le

of the intelligibles thus vouchsafes him the contents of revelation, which turn out to be identical with the contents of philosophy. It is therefore to be noted that Avicenna's use of the term "sacred" (*qudsī*) for the intellect at this level does not at all imply a divine or otherworldly provenance for the intellect but merely points to the fact that its contents are those which are presented by the prophet as revelation ».

1. *Infra*, p. 60, n. 2.

contenu ou la signification du message, le symbole et la traduction elle-même : 2. les symboles et/ou la traduction qui les justifie sont-ils *absolument* et *entièrement* équivalents à ce que la philosophie – et non pas la religion (ou la poésie) – enseigne[1] ?

Pour essayer de répondre à ces questions – et il va s'agir immédiatement de la première – c'est une fois de plus à l'idée du flux qu'il faut revenir, une idée que l'on peut parfaitement déduire de toutes les œuvres assurément authentiques d'Avicenne et qu'on retrouve dans l'*Épître sur l'établissement des prophéties* qui nous intéresse ici. En effet, tout en étant un phénomène complexe, légitimé par l'idée de la perfection, la prophétie est conçue par Avicenne, dans toutes ses manifestations (intellectuelle, imaginative et motrice), comme la réception du flux[2] ; la révélation est en elle-même un flux intellectuel ou spirituel (dont l'image est parfois la lumière[3]), qui émane de l'ange (de l'intelligence)

1. Ces deux questions – on ne peut ici qu'en faire brièvement mention – traversent la philosophie de langue arabe à plusieurs reprises ; voir al-Fārābī (par exemple dans les *Opinions des habitants de la Cité vertueuse*), Ibn Ṭufayl, avec son *Ḥayy ibn Yaqẓān* et Averroès avec son *Traité décisif*. Pour les éditions de ces textes, voir al-Fārābī, *Idées des habitants de la cité vertueuse*, Beyrouth-Le Caire, Commission libanaise pour la traduction des chefs-d'œuvre-Institut français d'archéologie orientale. Cf. *Opinions des habitants de la cité vertueuse*, trad. A. Cherni, Albouraq, 2011 ; cf. *Alfarabi on the Perfect State*. Abū Naṣr al-Fārābī's *Mabādi' ārā' ahl al-madīna al-fāḍila*, R. Walzer (ed. and transl.), Oxford, Clarendon Press, 1985 ; Ibn Ṭufayl, *Ḥayy ibn Yaqẓān*, traduction de Léon Gauthier, Beyrouth - <Paris>, Éditions de la Méditerranée-Éditions Kitāba, 1981 ; Averroès, *Le livre du discours décisif*, trad. M. Geoffroy, Paris, GF-Flammarion, 1996.

2. D. Gutas, *The metaphysics of the rational soul*…, p. 420.

3. L'image de la lumière est richement présente dans l'*Épître sur l'établissement des prophéties*, qui présente aussi un commentaire de Cor. XXIV, 35 (*supra*, p. 25-32 et *infra*, p. 98-106). Avicenne utilise l'image

à l'homme, sans médiation. Au-delà de la traduction des données intelligibles en images – voire au delà du passage qui explique la prophétie à la fois dans la réception et dans la transmission de son message – il est clair, donc, que la révélation a la même valeur de vérité et le même poids ontologique que celui du flux qui explique la connaissance et la réalité des choses. Autrement dit, si le prophète parle à travers « des symboles et des images » (*rumūz wa-amṯila*) ou des « symboles et des signes » ou « des indications » (*rumūz wa-išārāt*) [1], ce n'est pas parce qu'il parle d'une vérité autre que celle du philosophe, mais parce qu'il doit, d'une part, communiquer avec ceux qui ne peuvent pas accéder à la spéculation, et, d'autre part, inviter ceux qui le peuvent à rechercher encore. S'il est vrai que la communication prophétique a le même contenu de vérité que la philosophie, il est aussi vrai qu'elle révèle et cache à la fois.

C'est un élément qu'Avicenne théorise clairement dans plusieurs textes. Dans *l'Épître sur le retour* (*al-R. al-aḍḥawiyya*), Avicenne discute de l'utilisation des métaphores en général, en les présentant comme nécessaires même aux sages ou philosophes. Si au lieu des images et des symboles (*amṯāl wa-rumūz*), qui leur permettent de s'approcher de l'entendement des masses (et de fournir ainsi aux masses elles-mêmes un moyen de refuser le vice), les philosophes parlaient des choses telles qu'elles sont en

de la lumière en gnoséologie, mais pas toujours en métaphysique; j'ai discuté ce point dans *Fluxus*..., p. 73-87; sur la lumière chez Avicenne, *cf.* D. Hasse, *Avicenna's* De anima *in the Latin West*..., p. 108-113 et M. Sebti, « L'analogie de la lumière dans la noétique d'Avicenne », *Archives d'histoire doctrinale et littéraire du Moyen Âge*, 73 (2006), p. 7-28 et *infra* les références dans les notes de J.-B. Brenet.

1. *Ilāh.*, X, 2, p. 443, 4-5 et *infra*.

réalité (*bi-l-amr allāḏī huwa al-ḥaqīqī*) et de la félicité et de la misère réelles, les gens seraient incapables de s'en faire une représentation et les jugeraient impossibles [1]. Des propos affirmant par exemple que Dieu est « une essence unique (*dāt wāḥida*) qui n'est ni dans un lieu ni dans le temps » [2] ne produiraient que de la confusion dans l'esprit des gens, qui finiraient par les refuser en jugeant la foi vaine. C'est pour cette raison, explique Avicenne, que dans les textes religieux (tel que le Coran, mais la Torah aussi est nommée et les textes des Chrétiens sont évoqués), il n'y a que des paroles anthropomorphiques, et donc des symboles, ou de vagues assertions [3]. Saisir la vérité en tant que telle est impossible pour le peuple et demander à un prophète de parler clairement serait le charger d'un devoir qu'il ne pourrait pas accomplir. D'ailleurs, si le peuple pouvait tout comprendre, la prophétie elle même serait

1. Il y a des métaphores qui cachent un discours philosophique : *al-R. al-aḍḥawwiyya*, p. 39 éd. texte arabe ; p. 38 trad. Lucchetta : la vérité en eschatologie (*al-amr al-ḥaqīqī*) ne peut pas être conçue par les non-philosophes, les gens vulgaires (*al-ʿāmma*). Il faut donc utiliser des images et des symboles (*amṯāl wa-rumūz*) ; voir aussi, *al-R. al-aḍḥawiyya*, p. 135-137 : Platon et Pythagore ont utilisé le symbole (*ramz*), la métaphore (*tamṯīl*), et le discours caché ou parénétique (*nāmūsī*) ; sur ce dernier point par rapport à la Loi divine, cf. *R. fī aqsām al-ʿulūm al-ʿaqliyya*, p. 108 et G. Tamer, « Politisches Denken in pseudoplatonischen arabischen Schriften », *Mélanges de l'Université Saint-Joseph*, 57 (2004). *The Greek Strand in Islamic Political Thought*, p. 303-335. L'utilisation des symboles par les philosophes est mentionnée aussi dans *l'Épître sur l'établissement des prophéties* où on lit que « celui qui ne parvient pas à comprendre ce que signifient les symboles des envoyés n'accède pas au Royaume divin » (*infra*, § 16).

2. *al-R. al-aḍḥawiyya*, p. 43-47 ; « essence » (*ḏāt*) est ici très vague et pourrait être aussi « entité » ; il ne s'agit pas d'une quiddité (*māhiyya*).

3. *al-R. al-aḍḥawiyya*, p. 43-47.

inutile et sans aucun sens[1]. La réalité est intellectuelle, telle que la philosophie la comprend, mais elle n'est pas universellement comprise. Le langage de la révélation, qui nécessite une compréhension selon son sens métaphorique, est ainsi une preuve à la fois du caractère transcendant de la réalité et de l'impossibilité pour le peuple de le comprendre. Dans la *Métaphysique* (les *Ilāhiyyāt*) du *K. al-Šifā'*, ce point est clairement affirmé : le prophète qui instaure la loi fera connaître « la majesté de Dieu et sa grandeur au moyen de symboles et d'images pris parmi les choses qui auprès [du peuple] sont majestueuses et grandes »[2]. Les quelques textes qu'Avicenne consacre à l'exégèse coranique – par ex. Cor., X, 61 qui apparaît en *Ilāhiyyāt*, VIII, 6[3] – confirment l'idée d'une explication des données religieuses qui est nécessairement métaphorique[4]. Ce discours pourrait

1. *al-R. al-aḍḥawiyya*, p. 57-61. Et ici on aurait la réponse à la question donnée par al-Rāzī.

2. *Ilāh.*, X, 2, p. 443, 4-5. Traduction d'Anawati, légèrement modifiée. Pour les métaphores qui cachent un discours religieux, cf. *al-R. al-aḍḥawiyya*, p. 43-45 à propos du sens du *tawḥīd* qu'il faut communiquer; *al-R. al-aḍḥawiyya*, p. 57-59 à propos de la nécessité qu'il y ait un prophète, nécessité qui est due au fait que les gens n'ont pas de propriété divine (*ḫāṣṣiyya ilāhiyya*) et de puissance céleste (*quwwa 'ulwiyya*) pour communiquer avec la réalité céleste (*al-R. al-aḍḥawiyya*, p. 61-63).

3. *Ilāh.* VIII, 6, p. 359, 13. In *al-R. al-aḍḥawiyya*, p. 36, le Coran est cité avec quelques interprétations qu'Avicenne va discuter après, p. 37 éd. texte arabe. *Cf.* aussi les commentaires à Cor. CXIII et CXIV attribués à Avicenne.

4. *Ǧāmi'* p. 31. Pour Avicenne par rapport au Coran, voir les textes et les études cités *supra*, p. 25-32 et surtout Y. Michot, « Le riz trop cuit du Kirmānī. Présentation, édition, traduction et lexique de l'*Épître* d'Avicenne contestant l'accusation d'avoir pastiché le Coran », dans F. Daelmans, J.-M. Duvosquel, R. Halleux, D. Juste (éd.), *Mélanges offerts à Hossam Elkhadem par ses amis et ses élèves*. Archives et bibliothèques de Belgique. Archief-en Bibliotheekwezen in België. Numéro Spécial. Extra Nummer 83, Bruxelles 2007, p. 81-129.

d'ailleurs être rapproché de la discussion du symbole et de l'utilisation des images qu'Avicenne développe dans la *Poétique* lorsqu'il analyse l'assentiment que l'on donne au « discours imaginatif » (*kalām muḫayyil*) et aux « arguments » de la poétique qui justement sont basés sur les images [1]. La représentation imaginative provoquée par la poésie, une sorte d'assentiment imaginatif (*al-taḫyīl*), est une forme de concession ou d'obéissance (*id'ān*) à la parole, tout comme l'est l'assentiment qui concerne la vérité (*taṣdīq*). Mais le premier se fonde sur l'émerveillement et le plaisir causé par la parole elle-même, le discours (*qawl*), alors que le deuxième a son fondement dans le fait que l'on accepte que la chose soit telle qu'elle est décrite par le discours qui la concerne [2]. Le discours imaginatif provoque une réaction de la part de l'âme qui n'est pas celle de la pensée et de la rationalité, mais se définit comme psychologique en général (*nafsānī*), parce qu'elle implique les émotions [3]. La poésie a en effet une influence sur l'âme, elle exerce un influx (*yu'aṯṯiru fī-l-nafs*) qui ne se limite pas à la conviction

1. *Al-Chifā'. La Logique. 9. La Poétique*. Texte établi et préface par A. Badawî, Le Caire, Comité pour la Commémoration du millénaire d'Avicenne, 1966 (Ibn Sīnā, *Kitāb al-šiʿr*) ; *cf.* I. M. Dahiyat, *Avicenna's Commentary on the Poetics of Aristotle a Critical Study with an Annotated Translation of the Text*, Leiden, Brill, 1974 qui parfois corrige les imperfections de l'édition Badawī ; *cf.* Aristotle. *Poetics*. Editio maior of the Greek text with Historical Introductions and Philological Commentaries by L. Taràn and D. Gutas, Leiden-Boston, Brill, 2012 (qui contient une importante étude historique sur les traditions syriaque et arabe du texte aristotélicien).

2. Ibn Sīnā, *Kitāb al-šiʿr*, I, 1, p. 24, 18-25, 2 ; *cf.* 7, p. 67, 9 : le discours poétique vise au plaisir de l'émerveillement, de la fascination qu'il provoque (*al-taʿǧīb*), et non à faire comprendre la vérité (*al-tafhīm*).

3. *Ibid.*, p. 24-25.

rationnelle[1] mais investit en principe l'action et les émotions, et donc la sphère morale de l'homme[2].

Le prophète « parle » donc – comme l'étymologie du mot (latin, grec) le suggère – à tous les hommes par le biais de symboles et d'images qui, liés d'une certaine façon aux corps et à la matière, peuvent être saisis seulement en vertu du concours de la faculté pratique de l'âme rationnelle et des émotions qu'elle régit. Cependant, puisque c'est la dimension intellectuelle ou théorique qui est pour l'homme supérieure à toute autre – même pour le prophète la dimension intellectuelle est supérieure aux autres (des trois propriétés de la prophétie, la plus élevée est celle de l'intellect saint) –, c'est dans le vrai et donc dans la faculté théorétique que réside le véritable canal de communication avec le divin. Le vrai sens des images repose par conséquent uniquement sur la lecture que la faculté intellectuelle théorétique de l'homme – et avec elle la philosophie – peut en donner. En d'autres termes, Avicenne rend compte des symboles et des images comme des moyens propres de la prédication prophétique, et il en offre ainsi une légitimation forte; mais en même temps, il place la vérité dans ce qui est, par rapport aux images, transcendant[3].

Deux conséquences au moins s'ensuivent nécessairement. D'un coté, on doit admettre les limites du discours prophétique (et symbolique) : le prophète convoie un

1. *Ibid.*, I, 2, p. 32, 20-21.

2. *Ibid.*, p. 34, 9-19 : la poésie arabe est centrée sur l'action ou la passion (les émotions) mais aussi tout simplement sur le plaisir de la merveille; la poésie grecque éminemment sur l'action; *cf.* I, 4, p. 46-47.

3. La métaphore imite et donc correspond à la vérité et en cela même donne du plaisir; mais la vraie correspondance est celle de la vérité; *cf.* Ibn Sīnā, *Kitāb al-šiʿr*, I, 3, p. 37, 3-17 : apprendre la vérité donne du plaisir parce qu'elle implique une imitation; les non-philosophes se contentent de l'imitation.

contenu de vérité – l'unité divine, le *tawḥīd* – mais il ne peut l'exprimer ni dans les termes abstraits de la philosophie ni dans les détails [1]. De l'autre coté, il faut reconnaître au philosophe, et au philosophe seulement, la capacité de comprendre la réalité du message prophétique [2]. Si la prophétie utilise des symboles et des images pour permettre aux gens ordinaires (*al-ʿāmma*) de s'approcher du message de la métaphysique divine, le philosophe repère dans le langage imagé la possibilité de faire allusion à une vérité qui dépasse ce langage et n'est rien que la philosophie elle-même : les symboles communiquent à tous les hommes la vérité (ou bien une partie, un aspect de la vérité), mais ils offrent en même temps à certains, et à certains seulement, la possibilité de saisir le sens profond de leur message. Les symboles, en d'autres termes, invitent ceux qui en sont capables à passer au-delà des symboles mêmes pour se vouer à la spéculation philosophique [3].

Reste, à l'arrière-plan, la deuxième question que l'on a posée, celle de la valeur que l'on doit reconnaître au langage symbolique en soi. Les « symboles et les images » (*rumūz wa-amṯila ; amṯāl wa-rumūz*) ou les « indications » (*išārāt*) sont-ils simplement *traduisibles* dans les termes de l'intellection et de la vérité ? Et inversement, même une fois admise la possibilité d'une véritable traduction, quel

1. *Ilāh.* X, 2, p. 442, 14-443, 12 ; *al-R. al-aḍḥawiyya*, p. 85-89 : le discours de la Loi par rapport aux principes est un appel qui se limite en somme à l'existence de l'Artisan (divin).

2. C'est un point sur lequel insiste à raison W. Morris, *cf.* « The Philosopher-Prophet… », p. 152-198.

3. Et c'est en ce sens qu'il faut lire l'usage des symboles en philosophie. Sur les méthodes et les styles de la philosophie avicennienne, *cf.* D. Gutas, « Aspects of Literary Form and Genre in Arabic Logical Works » ; D. C. Reisman, « Avicenna's Enthymeme : A Pointer », *Arabica*, 56 (2009), p. 529-542 et *infra*, p. 60, n. 2.

sens faut-il donner à l'évocation, à l'émotion, à la persuasion même dont les symboles sont capables ? Les images renvoient de fait tout premièrement à une réalité imaginative qui a une dimension ontologique propre, bien que de moindre dignité par rapport à la réalité qui est intelligée ; en outre, les images sont soutenues par une perception dont le caractère subjectif est au fond identique à celui qu'on reconnaît dans toute perception de la réalité [1]. En ce sens, les images présentent un double statut : d'une part, elles impliquent seulement de façon secondaire ou dérivée une référence à la dimension intellectuelle qui les transcende : les métaphores qui persuadent le public (et donc celles du Coran aussi) ne sont pas « à la place » de quelque chose d'autre – et en ce sens, elles ne sont même pas des métaphores ; d'autre part, elles impliquent, en tant que métaphores, la possibilité d'être dépassées. Dans cette mesure, les métaphores ne sont pas toujours ce qu'elles semblent être. Bien plus, les métaphores n'existent en fait que pour la philosophie : seul le philosophe, on l'a dit, peut les lire en tant que telles et les reconduire à un sens qui n'est pas celui transmis par la lettre du texte [2]. Le statut des

1. L'eschatologie d'Avicenne reposerait sur cette idée fondamentale ; *cf.* J. [Y.] Michot, *La destinée de l'homme…*

2. La question du langage symbolique ne concerne pas seulement la prophétie et se pose à propos de l'œuvre même d'Avicenne. Les images qui véhiculent des idées philosophiques comme celles que l'on trouve dans les récits qu'Henry Corbin qualifiait de « visionnaires » traduisent dans la langue de l'imagination un même contenu philosophique et doivent être ramenées à ce même contenu. Quelques références (opposées dans leur caractère) vont ici suffire. D'un côté, H. Corbin, *Avicenne et le récit visionnaire. Étude sur le cycle des récits avicenniens,* Paris, Berg International, 1979 ; P. Heath, « Disorientation and Reorientation in Ibn Sīnā's *Epistle of the Bird* », *in* M. M. Mazzoui, V. B. Moreen (eds.), *Intellectual Studies on Islam.* Essays Written in Honor of Martin B. Dickson, Salt Lake City, University of Utah Press, 1990, p. 163-183 ; P. Heath,

métaphores dépend finalement du destinataire du message qui les contient[1].

Ce qui existe en soi – ce à quoi la philosophie est capable d'arriver – est donc la substance séparée, intellectuelle, le flux spirituel des formes qui, de la substance céleste, est à la fois le fondement et la réalité. Ce qui existe par rapport à l'homme qui vit en dehors de la philosophie est au contraire le symbole et les entités qui l'incarnent avec l'aspect concret que leur donnent l'imagination, le message dont ils sont porteurs et donc la prophétie. Or, selon Y. Michot, qui insiste sur l'autonomie épistémologique et le poids de l'imagination dans la philosophie d'Avicenne, l'approche avicennienne devrait être distinguée de celle qui est purement rationnelle ou symboliste[2]. L'approche symboliste, dont l'*Épître sur l'établissement des prophéties* serait d'ailleurs la meilleure illustration, ne représenterait pas (ou n'épuiserait pas) l'attitude d'Avicenne. La « confusion » entre la prophétie et la gnose ne serait pas le

Allegory and Philosophy in Avicenna (Ibn Sīnā). With a Translation of the Book of the Prophet Muhammad's Ascent to Heaven, Philadelphia, University of Pennsylvania Press, 1992. De l'autre côté, A-M. Goichon, *Le récit de Hayy ibn Yaqẓān commenté par des textes d'Avicenne*, Paris, Desclée de Brouwer, 1959 ; D. Gutas, « Avicenna's Eastern ("Oriental") Philosophy : Nature, Contents, Transmission », *Arabic Sciences and Philosophy*, 10 (2000), p. 159-180 ; D. Gutas, « Intellect without Limits… ». A. Hughes tente une autre interprétation et insiste sur le néoplatonisme foncier du langage symbolique des récits « initiatiques » ; cf. *The Texture of the Divine. Imagination in Medieval Islamic and Jewish Thought*, Bloomington-Indianapolis, Indiana University Press, 2004.

1. Pour la définition des images et des métaphores en poésie, voir Ibn Sīnā, *Kitāb al-ši'r*, I, 2, p. 32 : les images sont soit des similitudes – la chose est alors remplacée par une autre (*tabdīl*), ce qui donne la métaphore (*isti'āra, maǧāz*) – soit une composition ou combinaison (*tarkīb*) des deux.

2. J. [Y.] Michot, *La destinée de l'homme…*, p. 30-43.

dernier mot d'Avicenne à propos de la prophétie [1]. Le vrai rôle du Prophète ne serait pas celui de cacher ou de déguiser la vérité, mais celui, « politique », d'inviter les fidèles à l'obéissance [2]. Mais ces rôles sont-ils vraiment distincts ?

IIIb. *Symbolisme, vérité et loi.* Si la révélation est un flux qui se traduit, par la réception, dans un langage, ceci implique pour le langage même un double caractère. Selon la distinction classique du message coranique, la révélation est, tout comme le langage qui la contient, à la fois descriptive et prescriptive. Dans le premier sens, la révélation décrit le contenu de la foi – elle parle alors du monde, de sa création, des attributs de Dieu, de son attitude à l'égard de l'homme, des moments, des lieux et des figures qui déterminent la rencontre de l'homme avec Dieu et qui sont tous liés à la dimension de la prophétie (l'angélologie, la vision, le voyage nocturne) ou à la mort (l'eschatologie), c'est-à-dire aux deux clés donnant à l'homme accès au monde divin. Dans le deuxième cas, lorsque la révélation est prescriptive, elle parle en revanche des lois et des règles qui ne concernent pas le divin – même si elles procèdent du divin – mais la *dunyā*, la vie du monde d'ici-bas et de ses habitants. La langue prophétique est en ce sens comprise en fonction de la dualité de la faculté rationnelle humaine qui est à la fois théorique (le savoir et donc la vérité) et pratique (l'agir et donc les lois) [3], et cette distinction correspond, du reste, à un motif traditionnel de la

1. *Ibid.*, p. 34, note 40.

2. *Ibid.*, p. 37-38. Dans cette ligne voir aussi M. C. Kaya, « Prophetic Legislation : Avicenna's View of Practical Philosophy Revisited », *in* T. Kirby, R. Acar, B. Baş (eds.), *Philosophy and the Abrahamic Religions : Scriptural Hermeneutics and Epistemology*, Cambridge, Cambridge Scholars Publishing, 2013, p. 205-224.

3. Pour cette distinction *cf.* J. [Y.] Michot, *La destinée de l'homme…* ; W. Morris, « The Philosopher-Prophet.… », p. 163-176.

philosophie de langue arabe. Le rôle attribué par la tradition arabo-islamique à la *Rhétorique* était double : d'un côté, il s'agissait de communiquer des vérités qui autrement n'auraient pas été atteintes par les hommes sans capacités philosophiques, de l'autre, d'inspirer des actions morales [1].

Or, si la première forme de révélation et de langage est incarnée par la traduction du symbole, si elle transmet une vérité et est soumise aux règles de la traduction et du symbole (comme à ses silences et à ses omissions, dont Avicenne, on l'a vu, parle explicitement), la deuxième forme n'est pas expliquée par l'idée de la traduction de la vérité. Comme Avicenne le dit dans sa logique, le langage performatif n'est pas soumis à l'assentiment et n'implique qu'une représentation, un *taṣawwur* qui n'a aucune valeur de vérité et n'est donc pas soumis aux règles de l'interprétation, du symbole et de la traduction [2]. Parmi les

1. Voir Averroès, *Commentaire moyen à la Rhétorique d'Aristote*, Introduction générale, édition critique du texte arabe, traduction française, commentaire et tables par M. Aouad, III vol., Paris, 2002, I, p. 63-64. Sur la *Rhétorique*, voir U. Vagelpohl, *Aristotle's Rhetoric*… ; quelques suggestions dans Ch. E. Butterworth, « Rhetoric and Islamic Political Philosophy », *International Journal of Middle East Studies*, 3 (1972), p. 187-198 ; Id., « The Rhetorician and his Relationship to the Community. Three Accounts of Aristotle's Rhetoric », *in* M. Marmura (dir.), *Islamic Theology and Philosophy. Studies in Honor of G. F. Hourani*, Albany, NY, State University of New York Press, 1984, p. 111-136. *Cf.* Ibn Sīnā, *Kitāb al-šiʿr*, I, 5, p. 25 : la rhétorique a plusieurs buts en commun avec la poétique mais là où la poétique utilise et provoque la représentation imaginative, la rhétorique utilise et provoque la persuasion et donc la conviction et l'assentiment (*al-taṣdīq*).

2. Avicenne distingue dans sa logique (par ex. *Madḫal*, I, 2, p. 15, 17-16, 12) entre les représentations conceptuelles (*taṣawwur, taṣawwurāt*) et l'assentiment (*taṣdīq*). Les premières sont les conceptions par lesquelles l'être humain se représente ou signifie les choses (dans l'estimative ou bien dans l'intellect) ; elles n'ont aucun rapport nécessaire avec la réalité (on peut concevoir des choses inexistantes). L'assentiment, en revanche, concerne le jugement et la réalité externe : l'assentiment dans le jugement

locutions qui correspondent aux représentations conceptuelles, Avicenne énumère les termes ("cheval", "homme", "blanc", etc.), mais aussi les locutions auxquelles on ne doit – et auxquelles on ne peut, en fait – lier aucune valeur de vérité, même si, d'un autre point de vue que celui de la vérité, ces locutions exigent un assentiment (c'est le cas des ordres comme « fais ceci ! »)[1]. Bref, la distinction qu'Avicenne opère dans sa logique (par exemple dans l'*Isagoge*, où, en accord avec Aristote, l'assentiment, et donc la vérité, ne valent que pour les propositions déclaratives), cette distinction pourrait, voire devrait, être appliquée à la théorie de la prophétie. Une partie du message prophétique, celui qui concerne la vérité, serait donc, du fait de son caractère symbolique, à traduire dans les termes de la philosophie ; cette partie ne soutient d'ailleurs rien d'autre que les éléments primaires du *tawḥīd* que l'imagination conçoit à sa façon[2]. Une autre partie du message prophétique, en revanche, celle qui concerne les lois, serait tout simplement destinée à la réception d'une représentation, en dehors de tout assentiment (ou de tout assentiment « véritatif »), et donc en dehors de tout problème de cohérence avec la vérité de la philosophie[3].

se donne (ou ne se donne pas) en vertu de la connexion que la représentation conceptuelle a avec la réalité. En ce sens, l'assentiment juge de la vérité du jugement ou, quand il est nié, de sa fausseté.

1. *Madḫal*, I, 3, p. 17, 7-18. Déjà pour Aristote la vérité réside seulement dans la connexion des notions (par ex. *De an.*, III, 6, 430 a 26 ; 8, 432 a 10-12 ; *Metaph.*, IX, 10, 1051 b 1 *sq.*)

2. Cf. *supra*, § IIIa et IIc-d.

3. En principe l'assentiment donné aux propositions rhétoriques est pour le bien et non pour le vrai. Voir D. Black, *Logic and Aristotle's Rhetoric...*, p. 54 : « In the Shifā', Avicenna emphasizes the point that apophantic speech (*al-qawl al-jāzim*) is the only form of discourse to which truth and falsehood properly apply, and he directs us, like Aristotle, to the arts of rhetoric and poetics for the rules governing the other modes of speech » ; cf. *al-'Ibāra*, p. 32, 3-5 et, pour Aristote, *cf.* par exemple,

Cette hypothèse explique aussi l'un des caractères fondamentaux de la prophétologie avicennienne qui est celui de nécessité. C'est en effet toujours en termes d'utilité ou de nécessité (et non de vérité), qu'Avicenne explique la prophétie et son langage. Le Xe traité de la *Métaphysique* est en ce sens explicite : le langage du prophète est oratoire et, lorsqu'il concerne la justice, il sert a persuader les gens qui pour ainsi dire ne doivent pas être laissés dans la situation de devoir recourir chacun à ses propres opinions [1]. Comme on l'a vu, la prophétie, miroir humain de la révélation, est nécessaire à l'espèce et toute sa nécessité est démontrée par les lois qu'elle établit (le prophète serait en ce sens un *rasūl* [2]).

Le langage non apodictique mais porteur de vérité du prophète doit être interprété en termes philosophiques ; il est alors, du point de vue logique, prédicatif, mais son contenu, comme on l'a dit, est minimal et implique toujours une distinction : le langage est symbolique, lorsque le destinataire de son message est l'homme commun, et il

De an., III, 7, 431 b 10-12 ; M. Sebti, « Le statut ontologique de l'image… », p. 127 affirme qu'en tant que *représentation allégorique et mimétique*, la métaphore prophétique est en dehors de la vérité et de la fausseté.

1. *Ilāh.*, X, 2, p. 441, 13-442, 1. Le terme « opinion » (*ra'y*) – qui parfois peut être rapporté à *dianoia* – doit être rapproché de *taṣawwur* et donc finalement de *taṣdīq*. Ce discours se réfère à l'assentiment rhétorique (ou poétique) qu'Avicenne en effet reconnaît ; mais ce n'est que dans les termes de la nécessité et non pas de la vérité que l'existence du prophète est posée, cf. *al-R. al-aḍḥawiyya*, p. 87 : la partie la plus noble de la Loi révélée concerne la partie pratique (*al-ǧuz' al-'amalī*) qui s'occupe des actions de l'homme envers ceux qui lui sont associés dans l'espèce (les autres hommes) et dans le genre (les animaux).

2. Paragraphe *IIa*, p. 28-30. Pour la distinction entre *nabī* et *rasūl* en Islam, *cf.* les articles de A.J. Wensick et de T. Fahd, *E.I.*[2], *s.v. rasūl* et *nubuwwa* : *Dictionnaire du Coran…* : M.T. Urvoy, « Prophètes, prophétologie », p. 703-706 et Kh. Azmoudeh, « Prophétiser », p. 706-708.

doit en revanche être traduit dans les termes de la philosophie lorsque son message est reçu par un philosophe. Il est donc en tant que tel, dans son contenu de vérité, relatif à la philosophie. Sur le plan de la vérité, la vraie communication – le *tanzīl* ou *waḥy* – entre Dieu et l'homme appartient donc à la philosophie [1]. Il y a néanmoins dans le langage prophétique un autre plan, un plan qui n'est pas celui de la description prédicative, mais celui de la loi, de la prescription. Ce que ce langage communique n'est sur le plan logique qu'une représentation conceptuelle qui, en tant que telle, reste en dehors de l'espace de la vérité (et de l'assentiment qui la reconnaît). Le langage prescriptif de la révélation, la loi, appartient donc à la révélation prophétique, mais, vidée ou vide, pour ainsi dire, de tout contenu « véritatif », l'adhésion que la révélation requiert (une adhésion qui peut être traduite dans les termes de l'assentiment de la rhétorique ou de la poétique) n'entraîne pas la conception de la vérité, mais la conception du bien. Ce bien n'est toutefois pas le bien absolu du philosophe, qui n'est que la conception de la vérité et implique la perfection de l'intellect théorétique, mais le bien relatif à la survivance de l'espèce, laquelle n'entraîne que le travail (et la perfection) de la faculté de l'imagination, d'un côté, et de l'intellect pratique, de l'autre [2]. Le primat de la prophétie n'est donc qu'un primat politique.

1. C'est d'ailleurs le philosophe qui définit le vrai et ce qui ressemble au vrai, *cf.* Arist., *Rhet.*, I, 1, 1355a 14-15; et aussi l'édition de la traduction arabe du texte par Badawī, p. 7, 6-7 (*cf.* la note de Ph. Vallat à al-Fārābī, *Le livre du Régime politique*, p. 10, n. 26).

2. C'est au bien d'ailleurs et non à la vérité que s'adresse le raisonnement de l'intellect pratique (et cela déjà chez Aristote, voir *Eth. Nic.* VI, 1, 1139 a12 *sq.*; II, 2, 1104 a 1-10). La connaissance qui a l'action comme but n'est cependant jamais complètement séparable de

En concluant sa *Métaphysique* – les *Ilāhiyyāt* – Avicenne écrit que trois vertus humaines doivent être élevées au dessus des autres : la sagesse (*al-ḥikma al-faḍīlīyya*), où l'on doit reconnaître la *phronesis* de l'*Éthique à Nicomaque*[1], la tempérance (*al-'iffa : sophrosune*)[2], et le courage (*al-šağā'a : andreia*). Ensemble, ces trois vertus (dans la définition aristotélicienne, la sagesse ou prudence est dianoétique[3], alors que la tempérance et le courage sont éthiques[4]) donnent lieu à la justice (*al-'adāla*)[5]. Le plus haut degré de la moralité revient pourtant à celui qui, à la justice, ajoute la spéculation, ou plus encore – et voilà le véritable sommet moral – à celui pourvu du don de la prophétie. Avec sa perfection morale et spéculative, le prophète qui gère la loi est en fait, comme l'affirme Avicenne, « un Seigneur humain » (*rabb insānī; Deus humanus*) du monde[6]. Le prophète doit donc avoir *les trois propriétés ensemble* (*Ilāhiyyāt* X, 1[7]) et il est, en tant que tel au sommet de la hiérarchie humaine, mais sa primauté politique est expliquée, reconnue comme nécessaire, et finalement légitimée par

la connaissance théorique; *cf.* O. Lizzini, « Vie active, vie contemplative… », p. 211, 222.

1. Arist., *Eth. Nic.*, VI, 5- 12.

2. Arist., *Eth. Nic.*, II, 7, 1107 b 5; III, 10-12.

3. *Ilāh.*, X, 5, p. 455, 9-16. Avicenne associe les trois vertus respectivement aux impulsions concupiscibles et irascibles et à celles qui concernent les affaires pratiques et qui dépendent de la puissance pratique.

4. Arist., *Eth. Nic.*, II, 7.

5. *Ilāh.*, X, 5, p. 455,13. Pour la justice chez Aristote, cf. *Eth. Nic.*, V et V, I, 1130 a 1 : elle est la vertu parfaite qui contient toutes les autres; *cf.* aussi Plat., *Rep.*, 427-431 où la cité idéale est sage, courageuse, tempérante et juste.

6. *Ilāh.*, X, 5, p. 455, 15-16; la formule aura une certaine diffusion dans le Moyen Âge latin; *cf.* par ex. la locution de Dante *un altro Iddio incarnato* in *Conv.* IV, XXI, 10.

7. *Ilāh.*, X, 1, p. 435, 15.

la philosophie. C'est la philosophie qui finit donc – encore une fois – par représenter le sommet de la connaissance, le plus haut degré de la science (et de la vie humaine) non pas sur le plan, relatif à l'homme et à son espèce, de la politique (et de la réalisation du bien), mais sur le plan absolu de la vérité que l'intelligence reconnaît[1].

IV. *L'Épître sur l'établissement des prophéties*

IVa. *La structure de l'Épître.* L'*Épître sur l'établissement des prophéties*[2] est introduite comme la continuation d'un discours que l'auteur aurait prononcé pour essayer de convaincre son interlocuteur qui est en proie à des doutes quant à la nature et à la validité des prophéties et des prophètes. Le but de l'écrit est donc d'établir l'existence et la validité du discours prophétique ; l'un des titres par lesquels la tradition a fait connaître cette *Épître* le montre : l'*Épître sur l'établissement des prophéties, l'interprétation des symboles et des images [utilisés par les prophètes]* ou l'*Épître sur l'établissement des prophéties, l'interprétation de leurs symboles et de leurs images* (*R. fī iṯbāt al-nubuwwāt wa-ta'wīl rumūzi-him wa-amṯāli-him*). Or, quelles sont les raisons qui conduisent l'interlocuteur anonyme à douter ?

1. *Cf.* Arist., *De an.*, III, 7, 431 b 10 *sq.*

2. *R. fī iṯbāt al-nubuwwāt wa-ta'wīl rumūzi-him wa-amṯāli-him*, éd. M. Marmura, Beirut 1968, p. 41-61 (réimpr. 1991) ; cf. *Tis' rasā'il* (Le Caire, 1908), p. 120-132. Pour la traduction anglaise du texte, par M. Marmura lui-même, voir « On the Proof of Prophecies and the Interpretation of the Prophet's Symbols and Metaphors », *in* R. Lerner, M. Mahdi (eds.), *Medieval Political Philosophy : A Sourcebook*, Canada, The free press of Glencoe, Collier Mac Millan Limited, 1963, p. 112-121. J'en ai réalisé une traduction italienne : G. Agamben, E. Coccia (dir.), *Angeli…*, p. 1894-1918. Cf. *infra* la traduction de J.-B. Brenet, p. 86-167. Je reprends dans ce dernier paragraphe les points essentiels de mon introduction dans *Angeli..*, p. 1863-1870.

Premièrement, le fait que les prophéties ne sont pas étayées par des arguments, fussent-ils de caractère dialectique; bien plus, elles montrent parfois la même évanescence que celle des fables. En ce sens, pourrait-on-dire, le but du traité est de montrer la nécessité du langage fabuleux et imagé des textes sacrés auxquels les prophéties se réfèrent. Il faudra alors, en premier lieu, démontrer à l'interlocuteur la nécessité de l'existence de la prophétie (et donc de sa validité) sur un plan, pour ainsi dire, logico-ontologique et, en deuxième lieu, présenter la cohérence du message prophétique. Le premier but impose que la structure même du réel soit examinée, pour montrer que c'est à partir de son caractère hiérarchique que le degré de connaissance maximale de la prophétie est demandé. Le deuxième but implique l'analyse des symboles du langage religieux.

L'*Épître* se laisse donc diviser en deux parties. La première, consacrée à la vraie preuve de la positivité des prophéties, a son point de départ dans deux prémisses générales : l'une établit l'intellection humaine par illumination et en pose son degré maximal dans la prophétie; l'autre insère l'âme de l'homme (et donc l'âme du prophète) dans une hiérarchie des formes dont les substances séparées constituent le sommet. La deuxième partie concerne l'interprétation des symboles et offre une analyse minutieuse de quelques versets coraniques qui apparaît parfois presque exagérée, voire « maniériste » dans son désir d'expliquer tous les détails.

Voyons donc la première partie. On lit en premier lieu que si une chose existe ou se trouve *dans* une autre par essence, elle y est toujours en acte; et que si, en revanche, une chose existe ou se trouve dans une autre par accident, elle y est parfois en puissance et parfois en acte[1]. En ce

1. *Infra*, § 3, p. 87-88.

sens, « exister » ou « se trouver dans » (*wuǧida fī*) renvoie nécessairement à une troisième chose qui, étant la cause du passage à l'acte, permet à ce qui va se manifester d'apparaître ou d'être généré. Le passage à l'acte est à son tour ou bien sans médiation ou bien en vertu d'une médiation [1]. Le vrai souci du texte est alors de montrer que l'intellection (et donc l'intellection en acte) n'accompagne pas nécessairement l'intellect humain et que donc, selon l'un des principes fondamentaux de l'aristotélisme, une cause est exigée pour expliquer le passage à l'acte de l'intellect : pour passer à l'acte, ce qui est en puissance requiert toujours quelque chose qui soit en acte et qui, en tant que tel, soit la cause du passage à l'acte de ce qui est en puissance. C'est ainsi que l'idée de l'intellection est présentée de la même façon que l'illumination : si l'âme de l'homme, qui n'est pas toujours « intelligente » en acte, accède à l'intellection en acte, c'est parce qu'une cause extérieure à elle, et dont on sait qu'elle est toujours en acte, lui permet de passer de la puissance à l'acte de l'intellection. Les exemples utilisés sont ceux de la lumière et du feu : la lumière, qui est visible par essence en acte, rend visibles les choses qui ne sont pas toujours visibles et qui sont donc visibles seulement par accident et en puissance; de façon analogue, le feu échauffe soit directement – comme dans le cas d'une ampoule ou d'une cuve – soit indirectement – comme dans le cas de l'eau qui serait contenue dans l'ampoule. Ces images sont tout à fait traditionnelles [2], mais ici elles servent aussi à anticiper le discours que le texte

1. *Infra*, § 4, p. 88 : l'exemple du feu qui échauffe l'eau par la médiation de la cuve; cf. *Fī iṯbāt*, p. 42, 2-8.

2. Pour les sources de l'image de la lumière en gnoséologie, *cf.* Platon, *Rep.* 508 c-d; Aristote, *De an.*, 430a 15-16; pour d'autres références, *infra*, p. 119-120, n. 2.

consacrera au verset de la lumière. A travers l'idée de la médiation, ce discours introduit clairement, d'ailleurs, non seulement un concept essentiel de la philosophie avicennienne, qui pose une série de causes pour expliquer le passage de l'un au multiple, mais semble aussi évoquer l'idée pour ainsi dire fondatrice de la prophétie, laquelle peut être comparée à l'émanation et revêt une dimension à la fois médiate (selon la tradition Dieu parle au prophète à travers un ange) et immédiate (s'il est vrai que dans certains *hadīth* Dieu parle directement au prophète, tout comme dans certains versets Dieu parlerait directement).

A ce premier argument fait suite le deuxième qui prend en considération la composition des choses. Si des deux éléments qui rentrent dans une composition, l'un des deux existe individuellement, séparé de l'autre, l'autre aussi pourra exister individuellement. L'exemple par lequel l'*Épître* illustre ce discours dérive de la médecine : le vinaigre et le miel qui composent l'oxymel existent l'un indépendamment de l'autre [1]; si on rapporte ce discours au monde des formes, on doit en conclure que les formes qui composent les corps existent non pas seulement avec les corps, qui pourraient exister dépourvus de leur formes, mais aussi de façon indépendante [2]. Il y a donc une hiérarchie qui définit les formes en tant que telles : les formes qui existent en étant liées aux corps, et donc à la matière, appartiennent à un ordre (l'ordre des formes, justement) qui, à son sommet, admet les substances séparées; dans le monde sublunaire, ce même ordre comprend l'intellect

1. *Fī iṯbāt*, p. 42, 9-13.

2. L'exemple se comprend en ce sens : la forme constitue en effet les corps composés de matière et de forme; elle est cependant toujours séparable du corps, précisément parce que, grâce à une forme différente, le corps peut devenir un autre corps.

qui se joint aux substances séparées sans médiation et qui appartient au prophète. Après avoir déclaré que c'est en vertu de l'âme rationnelle (*al-nafs al-nāṭiqa*), et donc de la faculté de l'intellect, que l'homme se distingue en tant que tel du monde animal, le texte stipule que – au-delà de cette attribution universelle et donc absolue et indéterminée (*'alā l-iṭlāq*) – les hommes diffèrent dans les actualisations spécifiques de leurs facultés. Les hommes présentent pour ainsi dire une gradation qui – voilà l'application du même principe de plénitude que l'on a déjà évoqué – atteint son sommet avec le degré absolu de la compréhension du prophète (à laquelle celle du philosophe correspond). Si le degré zéro de la puissance indéterminée de l'intellect matériel appartient aux hommes en tant que tels, le degré positif de l'intellect *in habitu* et son actualisation qui est l'intellect acquis – l'intellect qui signifie la connaissance actualisée en tant que telle –, sont déjà des actualisations qui renvoient, selon la première des deux prémisses formulées, à quelque chose qui a toujours en acte la connaissance (intellect acquis) [1] et qui en ce sens actualise la connaissance de l'âme humaine. Le véritable responsable de l'information ou illumination de l'âme humaine est une intelligence séparée, désignée dans cette *Épître* comme « Intellect universel » (*al-'aql al-kullī*), même si les dénominations varient : on trouve aussi « Âme Universelle » (*al-nafs al-kullī*) ou « Âme du monde » [2] (*nafs al-'ālam*) ou

1. Cf. *infra*, § 7 ; *Fī iṯbāt*, p. 43, 1-11. On aurait ici selon D. Gutas (*Avicenna and the Aristotelian Tradition*…, p. 487) l'un des passages critiques qui devraient conduire à nier la paternité avicennienne de l'*Épître*; *infra*, p. 139-140.

2. Cf. *Fī iṯbāt*, p. 43, 11-44, 3. Pour les différences par rapport à *l'Épître des définitions*, où « l'Intellect universel », « l'Âme universelle » et « l'Âme du monde » sont distingués l'un de l'autre, cf. *Angeli* …, p. 1898 n. 13; cf. *infra*, p. 129-130, n. 19 mais aussi p. 120-129.

encore, d'une formule plus proche de celle qu'on trouve par exemple dans le *Livre de l'âme* d'Avicenne – « intellect agent universel » (*al-ʿaql al-faʿʿāl al-kullī*) [1].

Un passage intéressant mais ambigu de l'œuvre concerne la réception. La réception de ce qui est transmis par l'intellect universel est parfois sans médiation (les vérités évidentes sont premières [2]), et parfois résulte d'une médiation, par exemple la médiation des intelligibles premiers ou bien des sens. On doit alors dire – et on trouve ici encore l'application de la première prémisse que l'on a déjà mentionnée – que l'âme humaine reçoit sans médiation non pas essentiellement, mais par accident; l'âme reçoit donc à partir de quelque chose qui par essence possède la réception, que le texte appelle un « intellect » ou une « intelligence angélique » (*al-ʿaql al-malakī*) [3]. Que doit-on entendre par cet intellect ou intelligence qui reçoit « sans aucune médiation » et qui est cause du fait que les autres puissances reçoivent ? Michael Marmura proposait de considérer l'expression comme analogue à celle de l'intellect saint (*al-ʿaql al-qudsī*) ou de la « puissance sainte » (*quwwa qudsiyya*) qu'Avicenne attribue au prophète dans le *Livre de l'âme* (*K. al-Nafs*) et qui est, on l'a vu, l'intellect de l'homme qui a parfaitement actualisé son intellect matériel [4]. L'intellect angélique serait

1. *Infra*, § 8, p. 90-92.

2. Pour les vérités premières dans la *Métaphysique* d'Avicenne, cf. *Ilāh.*, I, 5, où il est question de propositions et concepts premiers (ou représentations premières).

3. *Infra*, § 9, p. 92-93; *Fī iṯbāt*, p. 44, 4-13. M. Marmura (« Avicenna's Psychological Proof of Prophecy », p. 52 note 16) remarquait que le terme *malakī* pourrait avoir la valeur de *nisba* soit à partir de *malak* « ange » soit à partir de *malik* « roi ».

4. *K. al-Nafs*, V, 6 le passage cité *supra*, p. 47; *Avicenna's De Anima*, éd. Rahman, p. 248, 16-19; *cf.* D. Gutas, *Avicenna and the Aristotelian Tradition*..., p. 162 et *ivi* note 36 et p. 161-166, 166-176; Id., « Intuition and Thinking... », p. 1-38; J. [Y.] Michot, *La destinée de l'homme*..., p. 83

alors l'intellect du prophète qui reçoit les formes sans médiation et les reçoit complètement. Or, comme je l'avais déjà noté, à cette hypothèse interprétative, qu'appuient des arguments importants, on pourrait en ajouter une autre. Le passage est ambigu (comme Marmura lui-même l'avait reconnu) et l'interprétation qui fait de l'intellect angélique l'intellect du prophète ne permet pas d'expliquer facilement en quel sens les puissances de l'âme recevraient quelque chose à cause de l'intellect angélique[1]. Il n'est de toute façon pas impossible de considérer l'intelligence ou l'intellect angélique dans son sens littéral d'« intellect de l'ange », qui reçoit par essence sans médiation le flux (*fayḍ*, *ifāḍa* selon une terminologie typiquement avicennienne que l'on rencontre dans l'*Épître*) des formes intelligibles dont il est lui même une partie[2]. En ce sens, si l'intelligence universelle (ici « âme universelle ») est la première intelligence, née pour ainsi dire de la source du flux du Principe, l'intellect ou l'intelligence angélique serait, de ce même flux, le point extrême de la réception. L'intellect angélique (qui par essence reçoit sans médiation et est « autre » que celui de l'homme) recevrait le flux des formes (et de l'être) sans intermédiaire, en étant lui-même une partie du flux, et dans cette mesure, il permettrait alors aux autres puissances (c'est-à-dire, si cette interprétation est

note 91. Pour d'autres passages où l'on trouve la « puissance sainte », cf. *K. al-Hidāya*, éd. M. ʿAbduh, p. 293, 6-294, 3; *K. al-Išārāt*, II, p. 370 éd. Dunyā.

1. *Fī iṯbāt*, p. 44, 12-13 : fa-huwa al-ʿaql al-malakī [...] wa yaṣīru qubūlu-hu ʿillatan li-qubūli ġayiri-hi min al-quwā; *cf.* M. Marmura, *Fī iṯbāt*, p. XVII-XVIII; doit-on voir ici une formule pour exprimer la fonction du prophète qui transmet une connaissance aux hommes ? Voir aussi les remarques de J.-B. Brenet dans la note à sa traduction, *infra*, p. 120-133.

2. *Cf.* M. Marmura dans *Fī iṯbāt*, p. XVII-XVIII et note 4 p. XX et *Angeli*..., p. 1865-1866.

correcte, aux puissances intellectuelles de l'homme) de comprendre. La hiérarchie des formes doit intégrer les formes intellectuelles séparées. Neanmoins, le prophète se voit attribuer dans le traité un intellect qui est *in habitu*, c'est-à-dire dans la disposition positive lui donnant de passer sans médiation à l'acte de la connaissance[1]. Les degrés du plus au moins, qui sont représentés par l'âme rationnelle jusqu'à l'intellect des anges, seraient donc aussi tous représentés par les degrés de l'âme elle-même : il existe un maximum – c'est l'intellect *in habitu* qui passe sans médiation à l'acte –, et un minimum, qui correspond à l'intellect de ceux qui n'ont aucune connaissance acquise. La prophétie, et donc la révélation qui lui correspond, est ainsi nécessaire en vertu du principe de plénitude qui permet de distinguer le réel dans ses degrés (c'est du fait de son éminence, du reste, que le Prophète domine et est « à la tête » du monde, conformément au principe qui régit aussi la hiérarchie du monde céleste[2]). La seconde prémisse énoncée, selon laquelle ce qui existe dans une composition avec un autre élément peut également exister seul, séparé, lorsque l'élément avec lequel il est composé existe lui aussi séparément, permet donc de faire rentrer l'âme humaine (et son degré prophétique) dans la hiérarchie divine.

Une fois l'existence de la prophétie établie – la prophétie qui est réception du flux de la révélation, impliquant la dimension théorique de la science tout comme celle, pratique, de l'action[3] – le texte en vient dans une deuxième partie à l'examen du langage symbolique de la révélation. Un examen qui renvoie à l'idée d'une révélation identifiée,

1. *Infra*, § 13, p. 94-96; *cf.* M. Marmura dans *Fī iṯbāt.*

2. *Infra*, § 13, p. 96; cf. *Fī iṯbāt*, p. 44, 10-45, 8; pour le prophète « à la tête » du monde, *cf.* encore *ivi*, p. 46, 11-47, 1.

3. *Infra*, § 14-15, p. 96-98. Pour les faiblesses de ces argumentations, *cf.* M. Marmura, « Avicenna's Psychological Proof of prophecy... ».

comme on l'a vu, avec le flux même, et d'un ange, que le prophète voit et entend, qui n'est défini que comme une particularisation accidentelle, qui dépend non pas du flux (de ce qui est donné), mais du prophète (c'est-à-dire de ce qui reçoit)[1]. La révélation est donc ici le flux qui émane activement (*ifāḍa*) sur le prophète, et l'ange est sa propre réception : indépendamment des différents noms qui sont attribués aux anges, et, par conséquent, en dépit de leur multiplicité nominale, la révélation et l'ange qui la transmet ne sont qu'une seule chose, ce même flux de l'être et de formes que le texte a déjà implicitement introduit dans le cadre de la discussion concernant la réception. La particularité, et par cela même la particularité du langage avec lequel la révélation se produit, ne dépendent que de la réception et donc du prophète lui-même. Tout en étant maximale, la capacité de réception du prophète est en effet celle d'un homme et reste donc limitée et particulière. Ainsi, si la révélation est le flux des formes, et l'ange la manière dont il est reçu ainsi que le moyen de sa réception, le message angélique, qui a dans le récepteur sa condition, est le flux – pourrait-on dire – en tant qu'il est reçu. On voit comment, plutôt que d'être de simples correspondants de la réalité philosophique, les données de la révélation en sont la traduction imaginative et concrète[2].

Comme exemple de langage prophétique sont ensuite examinés certains versets : XXIV, 35, le « verset de la lumière » – un sujet de réflexion profonde dans la théologie

1. *Infra*, § 14, p. 96 ; cf. *al-Nafs*, IV, 2. Ici joue un principe fondamental de la philosophie avicennienne et de tout le néoplatonisme. *Cf.* les remarques *supra* et M. Sebti, « Réceptivité et spéculation dans la noétique d'Avicenne », *in* D. De Smet, M. Sebti, G. de Callataÿ (éd.), *Miroir et Savoir…*

2. Les symboles sont nécessaires au prophète qui doit parler « au fruste nomade » voire « à tout le genre humain » ; *infra*, § 16.

et la mystique islamique[1]; LXIX, 17, un verset de caractère cosmologique sur les « Anges porteurs du Trône de Dieu », et certains lieux importants pour l'eschatologie coranique (LXXIV, 30; XV, 44). Quant au « verset de la Lumière », ou de la « Niche des Lumières », il suffira, après avoir rappelé l'analogie traditionnelle entre la lumière et la connaissance, de le comparer à l'utilisation qu'Avicenne en fait dans le *K. al-Išārāt*. Dans l'*Épître sur l'établissement des prophéties*, la *lumière* correspond métaphoriquement à Dieu qui est non seulement le bien mais aussi le principe du bien (ce qui constitue une référence à la dimension éthique du Principe), tout comme la lumière est à la fois ce qui est visible et le principe de la visibilité. Selon les mêmes principes, la *niche* est l'intellect matériel, et donc l'âme rationnelle humaine, l'intellect lui-même dans sa capacité de recevoir[2]; la *lampe* est l'intellect acquis en acte : elle fait passer à l'acte le diaphane comme l'intellect acquis « actualise » l'intellect matériel[3]. Le symbolisme est analysé en détail pour montrer que tous les types et tous les degrés de connaissance déjà présentés au début du texte sont respectés par le message prophétique, où ils trouvent comme un reflet[4]. Dans le *K. al-Išārāt*, où les correspondances sont

1. *Cf.* G. Böwering, « The Light verse : Qur'ānic text and ṣūfī Interpretation », *Oriens*, 36 (2001), p. 113-144; A. Treiger, *Inspired Knowledge in Islamic Thought. Al-Ghazālī's theory of mystical cognition and its Avicennian foundation*, London-New York, Routledge 2012 (*cf.* surtout, p. 74-80).

2. *Cf.* le texte § 20.

3. *Cf.* le texte § 21 et, pour la terminologie, la note au texte.

4. *Cf.* le texte § 18-30. Les incohérences apparentes ne manquent pas : le commentaire de la « Niche » laisse entendre que le moyen de la connaissance prophétique est l'intellect universel, qui correspond ailleurs à la première intelligence causée, l'intellect du corps extrême, alors qu'en général, c'est l'intellect agent, considéré comme étant la dixième des

encore plus détaillées (et pourraient apparaître comme plus artificielles encore), l'intellect matériel est la *niche*, la cogitation est l'*olivier*, l'intuition est comparée à l'*huile*; l'intellect *in habitu* est le *verre*, alors que la puissance sainte correspond à ce *dont l'huile brille presque sans qu'elle soit touchée par le feu*, et les intelligibles en acte, qui sont la perfection de l'âme rationnelle, sont *lumière sur lumière*. La puissance de réaliser l'intelligible acquis dès que le sujet le veut, est la *lampe*. Le *feu* est l'intellect agent[1].

Le deuxième verset est celui du Trône (« ce jour-là huit d'entre les Anges porteront au-dessus d'eux le Trône de ton Seigneur : Cor. LXIX, 17) dont l'interprétation philosophique est donnée : le Trône est le corps extrême et les huit anges qui le portent ou le soutiennent – dans un sens figuré du terme[2] – sont les huit sphères célestes avec leurs âmes. On retrouve ici non seulement le motif de traduction philosophique sur lequel on a insisté, mais aussi la technique de cette traduction : pour être compris philosophiquement, le texte religieux doit être reconduit

intelligences causées, qui constitue le moyen de la conjonction de l'homme au monde céleste. Cf. *Angeli*..., p. 1910 n. 49 et, *infra*, les remarques de J.-B. Brenet, *ad locum*.

1. *Isārāt*, ed. Dunyā, II (III classe, chap. 10), p. 387-392; *Directives*, p. 324-326; A. Treiger, *Inspired Knowledge*... cit., p. 77; *Cf.* H. Āsī, *Al-tafsīr al-qur'ānī*..., p. 86 [ll. 1-10 e 11, 87] et *cf.* J. Janssens, « Avicenna and the Qur'ān ... », en particulier p. 181-187. Selon D. Gutas les deux interprétations seraient si distantes que l'on trouverait ici un argument – il en distingue trois – contre la paternité avicennienne de l'*Épître*; D. Gutas, *Avicenna and the Aristotelian Tradition*..., p. 185-186 et note 41, p. 488. D'ailleurs, les points problématiques dans l'*Épître* sont nombreux (à la question de l'intellect agent et de l'intellect acquis on pourrait ajouter la définition des notions premières, une certaine faiblesse des arguments – par exemple à propos de la réception sans médiation ou dans la façon de citer Platon), cf. *infra*, les notes de J.-B. Brenet à sa traduction.

2. Texte § 34, p. 108-109 et en général, § 31-34 p. 106-109.

à son sens figuré [1]. On lit donc dans le texte que les anges sont des êtres vivants, rationnels et immortels et que ce n'est que dans un sens figuré de « porter » (*al-ḥaml*) que les cieux peuvent être considérées comme « porteurs du Trône » [2]. De façon analogue, c'est à partir du langage et de ses règles que les autres versets sont reconduits à leur explication philosophique : l'enfer vient de la sensibilité et d'un mauvais usage de ses résultats, alors que le paradis réside dans la connaissance théorétique et la félicité éternelle à laquelle la connaissance seule permet d'accéder [3].

IVb. *L'authenticité de l'Épître.* L'écrit n'est pas signalé dans les anciennes bibliographies (ce qui est toutefois le cas pour plusieurs ouvrages authentiques d'Avicenne) et la discussion sur l'authenticité de l'œuvre a toujours été vive. M. Marmura, qui ne pouvait pas exclure la possibilité de devoir reconnaître dans l'*Épître* l'ouvrage d'un disciple ou d'un sectateur d'Avicenne – « a follower of Avicenna » (*aḥad talāmīḏ Ibn Sīnā*) – trouvait des raisons doctrinales en faveur de son authenticité [4]. Des objections contre sa méthode, et contre l'attribution elle même, furent faites par Herbert Davidson, plus récemment, par David Reisman et Alexander Treiger [5]. En revanche, Yahyā Michot, Frank

1. Ceci rappelle l'*Épître sur la prosternation* d'al-Kindī, cf. *Angeli*..., p. 1744-1745.

2. Texte, § 34, p. 108-109.

3. Texte, § 35-43, p. 108-117 et encore les remarques de J.-B. Brenet *ad locum*. Pour enfer et paradis, voir aussi *Išārāt*; j'ai discuté le thème du plaisir intellectuel dans l'au-delà chez Avicenne : « Avicenna : the Pleasure of Knowledge and the Quietude of the Soul », *Quaestio*, 15 (2015), p. 265-273.

4. *Fī itbāt*..., p. VIII-IX de l'introduction anglaise; p. 13-14 de l'introduction arabe.

5. H. Davidson, *Alfarabi, Avicenna, Averroes on Intellect. Their Cosmologies, Theories of the Active Intellect, and Theories of Human Intellect*, Oxford University Press, New York-Oxford 1992, p. 87, n. 56; D. Reisman,

Griffel et Jules Janssens parmi d'autres ont considéré l'*Épître* comme l'œuvre d'Ibn Sīnā[1]. Mais c'est Dimitri Gutas qui – en reprenant l'examen des ouvrages d'Avicenne dans leur ensemble – a récemment nié avec force l'authenticité de l'œuvre[2] : premièrement parce que, d'après ce que l'on connaît, l'œuvre n'aurait pas eu de circulation avant le XIIIe siècle ; deuxièmement pour des raisons doctrinales. Il faudrait alors non seulement étudier l'histoire du texte, mais aussi, comme a tâché de le faire J.-B. Brenet dans les notes de sa traduction, examiner les divers éléments doctrinaux de l'*Épître*. Une difficulté – la seule que l'on discutera ici – concerne la théorie de l'intellect. Avicenne distingue l'intellect dans ses différentes relations à l'actualité : il parle de l'intellect matériel (*hayūlānī*), c'est à dire potentiel, *in habitu* (*bi-l-malaka*), en acte (*bi-l-fi'l*), et acquis (*mustafād*) ; l'intellect agent ou actif (*'aql fa''āl*), qui correspond à la dernière des intelligences célestes, est l'intellect en vertu duquel le flux divin rejoint le monde

« The pseudo-Avicennan Corpus I : Methodological Considerations », *in* J. McGinnis with the assistance of D. Reisman (ed.), *Interpreting Avicenna : Science and Philosophy in Medieval Islam*, Proceedings of the Second Conference of the Avicenna Study Group, Leiden – Boston, Brill, 2004, p. 16 et note 34 ; A. Treiger, *Inspired Knowledge*..., p. 133, n. 18 ; M. Afifi al-Akiti, « The Three Properties of Prophethood... », p. 201, n. 36.

1. J. [Y.] Michot, *La destinée de l'homme*... ; F. Griffel, « Al-Gazali's Concept of Prophecy. The introduction of Avicenna's Psychology into Ash'arite theology », *Arabic Sciences and Philosophy*, 14 (2004), p. 112-113 ; J. Janssens, « Avicenna and the Qur'ān ... » ; H. Eichner, « Ibn Sīnā's Epistle on the Essence of Prayer [& türkische Übs. von Fehrullah Terkan : İbn Sina'nın Risale fi Mahiyeti's-Salatı] », in *Uluslararası İbn Sînâ Sempozyumu Bildiriler*, ed. Mehmet Mazak, Nevzat Özkaya, İstanbul, İstanbul Büyükşehir Belediyesi Kültür A.Ş. Yayınları, 2009, p. 173, n. 8, voit dans l'*Épître* une œuvre de jeunesse.

2. D. Gutas, *Avicenna and the Aristotelian Tradition*..., p. 485-489.

sublunaire[1]. Or, dans l'*Épître*, le troisième et le quatrième degré de l'intellect sont présentés ensemble avec le nom d'« intellect acquis » ou – comme on le lit dans certains manuscrits – d'« intellect agent », une lecture qui, comme D. Gutas le remarque avec précision, est impossible (l'étude des manuscrits et une édition du texte se révèlent essentielles). Pourtant, pour D. Gutas, la lecture *mustafād*, acceptée par M. Marmura comme dans la traduction que l'on propose ici[2], serait également impossible, parce que l'intellect acquis serait alors présenté comme ce qui « fait passer » à l'acte l'intellect humain. Avicenne, en effet, ne considère pas l'intellect acquis comme ce qui fait passer à l'acte l'intellect humain mais justement comme l'une de ses actualisations. Il faut pourtant noter qu'à ces remarques certainement importantes, on doit ajouter le sens de l'image dans laquelle le texte insère l'intellect acquis comme « ce qui fait passer à l'acte » : le texte, en effet, ne présente pas le principe efficient, mais le degré d'actualisation qui actualise, et donc

1. *Ibid.*, p. 486 : « Avicenna repeats this theory, with the same terminology, in all his extant works except his very first treatise, the Compendium on the Soul (W1 and T1), in which the theory is the same though there is still uncertainty in young Avicenna's mind about the terminology : the third and fourth levels (or relations) of human intellection are variously called *'aql bi-l-fi'l* but never *mustafād*, and the active intellect seems to be called "universal" (*'aql kullī*) ».

2. Texte §. 7, p. 90-91 et cf. *Angeli*, p. 1898. L'intellect acquis revient dans les paragraphes 20 et 21 où il est défini comme « ce qui fait passer » (*muḫriǧ*) à l'acte l'intellect. En général, c'est l'intellect agent et non pas l'intellect acquis qui constitue « ce qui fait passer » (*muḫriǧ*) à l'acte l'intellect humain en puissance; mais comme l'analogie l'explique, l'intellect acquis représente ici l'actualisation de l'intellect matériel, non pas son principe efficient; c'est comme signe de l'actualisation de l'âme que l'intellect acquis serait alors « ce qui fait passer » l'intellect de la puissance à l'acte; sur ce point, et en général à propos de l'intellect acquis, *infra*, p. 90 et la n. 56, p. 140, de J.-B. Brenet.

« fait passer à l'acte », le degré précédent. D'autres remarques de D. Gutas – qui va jusqu'à parler de « senseless correspondences » – concernent la définition de la cogitative et de l'intellect matériel. On consultera les notes à la traduction de Jean-Baptiste Brenet à ce propos qui permettent de mieux comprendre les passages difficiles, même à propos du verset de la lumière.

On a déjà remarqué l'attitude presque baroque voire maniériste dont l'*Épître* fait preuve dans son désir de tout expliquer. On peut voir dans l'*Épître* l'œuvre d'un sectateur d'al-Ġazālī [1], ou un échantillon du gnosticisme philosophique, mais on pourrait aussi la considérer comme une œuvre de jeunesse d'Avicenne ou bien expliquer certaines difficultés du langage de l'*Épître* par son histoire textuelle. Cela dit, comme Gutas lui-même l'affirme, sans une étude critique du texte et de son histoire, toute considération sur l'authenticité (ou l'inauthenticité) de cet ouvrage, n'est jamais qu'une conjecture. Quoi qu'il en soit, plusieurs thèmes doctrinaux se laissent expliquer, comme on a pu le remarquer, à la lumière de la pensée avicennienne [2].

1. D. Gutas, *Avicenna and the Aristotelian tradition*..., p. 489 : « As a pseudepigraph, and given its muddling account of the faculties of the soul and the absence of any mention of Guessing Correctly middle terms, it exudes the same atmosphere as the writings of Ġazālī and his followers. Pseudepigraphy in the name of Avicenna and Ġazālī was well under way after the latter's death in 1111, which would put the date of composition of the *Iṯbāt an-nubuwwa* some time by the end of the twelfth or the beginning of the thirteenth century, so that it was in circulation by the time the earliest manuscript to contain it, Bursa Huʿseyin Çelebi 1194, came to be copied in 675/1277 ».

2. Je tiens à remercier pour leurs précieuses remarques J.-B. Brenet, qui a aussi relu mon texte, S. Pagani et I. Zilio-Grandi. Je reste bien sûr totalement responsable des imperfections éventuelles.

NOTE SUR LE TEXTE ET LA TRADUCTION

Nous traduisons le texte suivant : Ibn Sīnā, *Fī ithbāt al-nubuwwāt* (*Proof of Prophecies*), edited with Introduction and Notes by M. Marmura, Beirut, Dar an-nahar, [2] 1991.

L'édition de Marmura n'est pas véritablement une édition critique. Sur les vingt manuscrits de l'épître alors recensés, il indique en introduction (p. X) n'en avoir sélectionné que six parmi les quatorze à sa disposition. Le texte présente au vrai d'importants défauts en plusieurs endroits, qui rendent sa compréhension et sa traduction conjecturales. Lorsque nous retenons d'autres leçons que celles choisies par Marmura, nous l'indiquons en note.

Comme O. Lizzini l'a rappelé en introduction, l'attribution du texte à Avicenne est contestée (voir récemment D. Gutas, *Avicenna and the Aristotelian Tradition. Introduction to Reading Avicenna's Philosophical Works.* Second, Revised and Enlarged Edition, Including an Inventory of Avicenna's Authentic Works, Leiden, Brill, 2014, p. 485-489). Nous ne pouvons qu'être prudents nous-mêmes, et en l'absence d'une édition critique aucune conclusion n'est absolument assurée.

À notre connaissance, il existe de cette épître deux traductions en langue moderne : celle en anglais de

Marmura : *On the Proof of Prophecies and the Interpretation of the Prophet's Symbols and Metaphors* dans R. Lerner et M. Mahdi (eds.), *Medieval Political Philosophy : A Sourcebook*, The free press of Glencoe, Collier Mac Millan Limited, Canada, 1963, p. 112-121 (cette traduction fut antérieure à l'édition du texte par Marmura ; elle fut faite sur l'édition du Caire de 1908, publiée dans *Tisʿ Rasāʾil fī l-ḥikma wa-l-ṭabīʿiyyāt*, p. 120-132, et amendée selon la consultation de trois manuscrits) ; puis celle en italien d'O. Lizzini, parue dans G. Agamben et E. Coccia (éd.) *Angeli*, Vicenza, Neri Pozza, 2009, p. 1894-1918. La traduction d'O. Lizzini nous a été d'un secours précieux, nous lui sommes grandement redevable. Au risque d'alourdir, mais pour ne pas recouvrir le texte dans sa littéralité, nous signalons entre <…> les mots ou membres de phrase que nous avons jugé bon d'ajouter.

Le titre de l'épître est *Épître sur l'établissement des prophéties, l'interprétation de leurs symboles et de leurs images*. “Leurs” (*-him*) renvoie aux prophètes.

Nous tenons à remercier O. Lizzini, M. Abbes, Z. Bou Akl, J. Janssens, pour leurs relectures et leurs remarques. Il va de soi que nous assumons seul les maladresses et les erreurs éventuelles.

AVICENNE

ÉPÎTRE SUR LES PROPHÉTIES

ÉPÎTRE SUR L'ÉTABLISSEMENT DES PROPHÉTIES, L'INTERPRÉTATION DE LEURS SYMBOLES ET DE LEURS IMAGES

Au nom de Dieu, le Clément, le Miséricordieux

1. Le maître Abū ʿAlī Ibn Sīnā – que Dieu le prenne en Sa miséricorde ! – a dit :

2. Tu m'as demandé – que Dieu t'accorde prospérité ! – de rassembler ce dont je t'ai parlé pour faire disparaître les doutes qui se sont renforcés chez toi concernant l'assentiment <à donner> à la prophétie, du fait que les affirmations de ses <partisans> contiennent du possible qu'on considère comme nécessaire sans que cela soit soutenu d'aucun argument, démonstratif ou dialectique. Certaines <de ces affirmations> sont <même> impossibles et ressemblent à des fables, au point que se préoccuper d'en demander des éclaircissements à celui qui <les> avance mérite qu'on s'en gausse dans une épître.

J'ai donc satisfait ta <demande> – que Dieu t'accorde longue vie ! – et je dis :

3. Toute chose se trouvant par essence dans une <autre> chose existe en acte avec elle aussi longtemps que <cette autre chose> existe. En revanche, toute chose se trouvant par accident dans une <autre> chose existe en elle tantôt

رسالة في إثبات النبوّات وتأويل رموزهم وأمثالهم

بسم الله الرّحمن الرّحيم

١. قال الرئيس أبو علي بن سينا رحمه الله :

٢. سألت ، أصلحك الله، أن أجعل جمل ما خاطبتك به في إزالة الشكوك المتأكّدة عندك في تصديق النبوّة لاشتمال دعاويهم على ممكن سُلك به مسلك الواجب ولم تقم عليه حجّة، لا برهانيّة ولا جدليّة ، ومنها ممتنعة تجري مجرى الخرافات ، التي للاشتغال في استيضاحها من المدّعي ما يستحقّ أن يُهزَأ به، في رسالة. فأجبتك مدّ الله في عمرك إلى ذلك بأن قلت :

٣. إنّ كلّ شيء في شيء بالذات ، فهو معه بالفعل ما دام هو ؛ وكلّ شيء في شيء بالعرض ، فهو فيه مرّة بالقوّة

en puissance, tantôt en acte. <L'être> qui possède [1] cette <chose> par essence l'a <donc> en soi toujours en acte, et c'est lui qui en est l'actualisateur dans <l'être> où elle existe en puissance, <et cela> soit par un intermédiaire, soit sans intermédiaire. Exemples : la lumière est visible par essence et, <dans cette mesure>, elle est la cause de l'actualisation de tout <ce qui est> visible en puissance [2]. Idem pour le feu : il est le chaud par essence, et, <dans cette mesure>, il est <aussi> ce qui échauffe les autres choses, soit par un intermédiaire (comme lorsqu'il échauffe l'eau par la médiation de la cuve <qui la contient> [3]), soit sans intermédiaire (comme lorsqu'il échauffe la cuve par lui-même, c'est-à-dire par contact, sans médiateur). Les exemples ici sont nombreux.

4. <En outre>, <pour> toute chose composée de deux éléments, si l'un de <ces> deux éléments peut exister séparé de l'autre, le second peut exister lui-même séparé du premier. L'oxymel, composé de vinaigre et de miel, en fournit un exemple : si le vinaigre peut exister sans le miel, le miel peut exister lui-même sans le vinaigre. De même pour la statue représentant [4] <un homme, par exemple>, composée de bronze et d'une forme d'homme : si le bronze peut exister sans <avoir> une forme d'homme, cette forme peut elle-même exister sans le bronze. C'est ce qu'on retrouverait par induction, et les exemples <là aussi> sont nombreux.

5. Je dis donc : il existe en l'homme une puissance qui le distingue du reste des animaux et des autres choses : c'est la <puissance> appelée l'« âme rationnelle ». On la trouve chez tous les hommes de façon absolue, mais pas dans le détail <de son déploiement>, puisqu'il y a, quant à ses puissances [5], une disparité entre les hommes [6]. Une

ومرّة بالفعل. ومن له ذلك بالذات، فهو فيه بالفعل أبداً؛ وهو المُخرج لما فيه بالقوّة إلى الفعل، إمّا بواسطة، أو بغير واسطة. مَثَل ذلك الضوء مرئيّ بالذات وعلّة لخروج كلّ مرئيّ بالقوّة إلى الفعل؛ وكالنّار وهو الحارّ بالذات وهو المسخن لسائر الأشياء، إما بواسطة، كتسخينه الماء بتوسّط القمقمة، وإمّا بلا واسطة، كتسخينه القمقمة بذاته، أعني مماسّة، بلا متوسّط. ولهذا أمثلة كثيرة.

٤. وكلّ شيء هو مركّب من معنيين، فإذا وجد أحد المعنيين مفارقاً للثاني، وجد الثاني مفارقاً له؛ مثاله السكنجبين المركّب من الخل والعسل، إذا وجد الخلّ بلا عسل، وجد العسل بلا خلّ؛ وكالصنم المصوّر المركّب من نحاس وصورة إنسان، إذا وجد النحاس بلا صورة إنسان، وجد تلك الصورة بلا نحاس. وكذلك يوجد في الاستقراء، ولهذا أمثلة كثيرة.

٥. فأقول: إنّ في الإنسان قوّة يباين بها[1] سائر الحيوان وغيره، وهي المسمّاة بالنفس الناطقة؛ وهي موجودة في جميع الناس على الإطلاق وأمّا في التفصيل فلا، لأنّ في قواها تفاوتاً في الناس.

1. Marmura : تباين به

première puissance <en elle> est apte à devenir <les> formes d'universels dépouillés de leurs matières. Elle n'a pas en elle-même de forme, et pour cette raison, par comparaison à la matière [7], on l'appelle l'« intellect matériel » [8]. C'est un intellect parfaitement [9] en puissance, au sens où le feu est froid en puissance, et non où il est brûlant en puissance.

6. Une deuxième puissance <de l'âme rationnelle> possède une <certaine> capacité, une <certaine> disposition [10] à concevoir [11] les formes universelles, du fait qu'elle contient les notions communément admises [12]. Elle est, <elle aussi>, un intellect parfaitement en puissance, <mais> au sens <cette fois> où nous disons du feu qu'il possède une puissance de brûler [13].

7. <Enfin>, une troisième puissance conçoit les formes des universels intelligibles en acte; les deux puissances précédentes, passant à l'acte [14], sont incluses en elle [15] : on l'appelle « intellect acquis » [16]. Ce dernier n'existe pas <toujours> en acte dans l'intellect matériel, et donc n'y existe pas par essence. Son existence dans <l'intellect matériel> procède ainsi d'un existentiateur [17], dans lequel il se trouve par essence, et par lequel ce qui est en puissance <dans l'intellect de l'homme> passe à l'acte [18]. <Cet existentiateur> est ce qu'on appelle « l'intellect universel », « l'âme universelle », ou « l'âme du monde » [19].

8. Puisque recevoir une puissance de la part de ce qui la possède par essence a lieu de deux façons, soit par un intermédiaire, soit sans intermédiaire, de même, donc, recevoir <quelque chose> de l'intellect agent universel [20] a lieu de deux façons. La réception qui provient de lui sans intermédiaire est comme la réception des notions communes [21] et des vérités évidentes pour les intellects [22]. En revanche, celle qui requiert une médiation est comme la réception des intelligibles seconds par la médiation des

فقوّة أولى متهيّأة لأن تصير صوراً لكلّيّات منتزعة عن موادّها ، ليس لها في ذاتها صورة ؛ ولهذا سميّت العقل الهيولانيّ تشبيهاً بالهيولى . وهي عقل تامّ بالقوّة ، كالنار بالقوّة باردة ، لا كالنّار بالقوّة محرقة .

٦. وقوّة ثانية لها قدرة وملكة على التصوّر بالصوَر الكليّة لاحتوائها على الآراء المسلّمة العامّيّة . وهو عقل تامّ بالقوّة، كقولنا النار لها على الاحراق قوّة .

٧. وقوّة ثالثة متصوّرة بصور الكلّيّات المعقولة بالفعل تأخذ بها القوّتان الماضيتان وخرجتا إلى الفعل ، وهو المسمّى بالعقل المستفاد . وليس وجوده في العقل الهيولانيّ بالفعل ، فليس وجوده فيه بالذات ؛ فإذن وجوده فيه من موجد هو فيه بالذات ، به خرج ما كان بالقوّة إلى الفعل . وهو الموسوم بالعقل الكلّيّ والنّفس الكلّيّ ونفس العالم .

٨. وإذا كان القبول ممّن له القوَّة المقبولة بالذات على وجهين ، إمّا بواسطة وإمّا بغير واسطة ، وكذلك إذا وجد القبول من العقل الفعّال الكلّيّ على وجهين ، فأمّا القبول عنه بلا واسطة فكقبول الآراء العامّيّة وبدائه العقول . وأمّا القبول بتوسّط فكقبول المعقولات الثانية بتوسّط

<intelligibles> premiers[23], ou comme <celle> des choses intelligibles acquises par la médiation des organes <des sens> et des matières, tels les sens externes, le sens commun, l'estimative et la cogitative[24].

9. Puisque l'âme rationnelle reçoit, comme nous l'avons montré, tantôt par une médiation, tantôt sans médiation, la réception sans médiation ne lui[25] appartient pas par essence, mais s'y trouve par accident. C'est dans un autre <être>, donc, que <la réception sans médiation> se trouve par essence, et c'est de cet <autre être>, qui la possède par essence, qu'elle est acquise <par l'âme[26]>. <Cet être>, c'est l'intellect angélique[27], lequel reçoit par essence sans médiation, et dont la réception, donc, devient cause de ce que d'autres puissances que lui reçoivent à leur tour.

10. La propriété qu'ont les intelligibles premiers d'être reçus sans médiation n'est due, pour faire bref, qu'à deux choses : soit à la facilité de leur réception, soit au fait que le récepteur, <par ailleurs>, n'a la puissance de recevoir sans médiation que ce dont la réception est facile.

11. Nous avons vu en outre que le récepteur et le reçu présentaient des différences, de puissance et de faiblesse <à recevoir>, de facilité et de difficulté <à être reçu>. <Or>, il est impossible que cela n'arrive pas à une limite. <S'agissant du récepteur>, en effet, la limite, à l'extrémité de la faiblesse, est qu'il ne reçoive pas même un seul intelligible, que ce soit par une médiation ou sans; et la limite, pour ce qui est de la puissance, est <à l'inverse> qu'il reçoive <tout>[28] sans médiation[29]. <Si donc l'on disait qu'il n'y a pas de limite>, il y aurait alors une limite aux deux extrémités[30] et, <dans le même temps>, il n'y aurait pas de limite aux deux extrémités, ce qui est absurde, impossible.

الأولى وكالأشياء المعقولة المكتسبة بتوسّط الآلات والمواد، كالحسّ الظّاهر والحسّ المشترك والوهم والفكرة.

٩. وإذا كانت النفس الناطقة تقبل كما بيّنّا، مرّة بتوسّط ومرّة بغير توسّط، فليس له القبول بغير توسّط بالذات، فهو فيه بالعرض، فهو في آخر بالذات، فهو ممّن له بالذات مستفاد. وهذا هو العقل الملكيّ الذي يقبل بغير توسّط بالذات ويصير قبوله علّة لقبول غيره من القوى.

١٠. وليس اختصاص المعقولات الأول بالقبول بغير توسّط إلّا من جهتين، على الاختصار: من أجل سهولة قبولها أو من أجل أنّ القابل ليس يقوى أن يقبل بغير توسّط إلاّ السهل قبوله.

١١. ثم رأينا في القابل والمقبول تفاوتاً في القوّة والضعف والسهولة والعسورة. وكان محالاً أن لا يتناهَى، لأنّ النهاية في طرف الضعف أن لا يقبل ولا معقولا واحدا، بتوسّط ولا بغير توسّط؛ والنهاية في القوّة هو أن يقبل بغير توسّط. فيكون يتناهى في الطرفين ولا يتناهى في الطرفين. وهذا خلف لا يمكن.

12. <Du reste>, il est déjà apparu clairement que, pour une chose composée de deux éléments, si l'un d'eux peut exister séparé de l'autre, alors le second peut exister séparé du <premier>. <De fait>, nous avons vu <qu'existaient> des choses qui <tantôt> ne reçoivent pas sans intermédiaire, <tantôt> reçoivent sans intermédiaire ; et nous avons trouvé des choses [31] qui ne reçoivent <rien> des flux de l'intellect sans intermédiaire, et d'autres, <donc>, qui reçoivent tous les flux intellectuels sans intermédiaire – puisqu'on atteint une limite à l'extrémité faible, <en effet, > il est nécessaire d'atteindre une limite à l'extrémité puissante.

13. Les degrés d'excellence dans les choses [32] se répartissent comme suit : parmi les êtres [33], certains sont subsistants par soi, et d'autres ne sont pas subsistants par soi, et les premiers sont les meilleurs. Ce qui subsiste par soi, ce sont soit des formes, des êtres [34] qui ne sont pas dans des matières, soit des formes mêlées à des matières, et les premiers sont les meilleurs. Divisons <toutefois> le deuxième <groupe>, puisque c'est là qu'est ce qu'on cherche. Les formes matérielles qui constituent les corps, soit sont croissantes, soit dénuées de croissance, et les premières sont les meilleures. Celles qui sont croissantes, soit constituent des animaux, soit ne constituent pas des animaux, et les premières sont les meilleures. Les animaux sont soit rationnels, soit non rationnels, et les premiers sont les meilleurs. Les <animaux> rationnels le sont soit en y étant disposés [35], soit sans y être disposés, et les premiers sont les meilleurs. Ceux qui possèdent la disposition, soit passent à l'acte complètement, soit ne passent pas <à l'acte complètement>, et les premiers sont les meilleurs. Celui qui passe à l'acte <complètement> le fait soit sans intermédiaire, soit par un intermédiaire, et le premier est

١٢. وقد بُيّن أنّ الشيء المركّب من معنيين ، إذا وُجد أحد المعنيين مفارقاً للثاني ، وجد الثّاني مفارقاً له . وقد رأينا أشياء لا تقبل بغير واسطة وتقبل بغير واسطة ووجدنا أشياء [1] لا تقبل من إفاضات العقل بغير واسطة ، وأشياء تقبل كلّ الافاضات العقليّة بغير واسطة ، وإذا تناهى في الطّرف الضّعفيّ ، يتناهى ضرورة في الطرف القويّ .

١٣. وإذا كان التفاضُل في الأشياء [2] يجري على ما أقول : إنّ من الأنّيّات ما هي قائمة بذاتها ومنها غير قائمة بذاتها ، والأوّل أفضل . والقائم بذاته إمّا صور وأنّيّات لا في موادّ أو صور ملابسة للموادّ ، والأوّل أفضل . ولنقسّم الثّاني إذ كان المطلب فيه . والصوّر المادّيّة التي هي الأجسام ، إمّا نامية أو غير نامية والأوّل أفضل . والنّامية إمّا حيوان أو غير حيوان ، والأوّل أفضل . والحيوان إمّا ناطق أو غير ناطق ، والأوّل أفضل . والناطق إمّا بملكة أو بغير ملكة ، والأوّل أفضل . وذو الملكة إمّا خارج إلى الفعل التّام ، أو غير خارج ، والأوّل أفضل . والخارج إمّا بغير واسطة أو بواسطة ، والأوّل

1 Marmura : ... وقد رأينا أشياء لا تقبل من إفاضات العقل
2 Marmura : الأسباب

le meilleur : c'est lui qu'on appelle « prophète », et c'est avec lui que s'achèvent les degrés d'excellence dans l'ordre des formes matérielles. Et si tout ce qui est excellent domine et dirige ce qu'il surpasse, le prophète domine et dirige l'ensemble des genres qu'il surpasse[36].

14. La révélation est ce flux[37], et l'ange est cette puissance reçue[38] et fluante, comme si elle formait sur lui <le prophète> un flux joint au flux de l'intellect universel, se divisant à partir de ce dernier, non pas par soi, mais par accident, du fait de la division du récepteur[39]. Les anges sont appelés de noms divers en raison des significations diverses <qu'on leur prête>, mais l'ensemble <qu'ils forment> est une unité qui n'est pas divisée par essence, mais seulement par accident, du fait de la division du récepteur. Le message <prophétique> est donc ce qui est reçu du flux appelé « révélation » <et communiqué> selon tout mode d'expression jugé utile à la rectitude des deux mondes, celui de la permanence et celui de la corruption, en science et dans l'action politique. L'envoyé est <ainsi> celui qui communique ce qu'il a acquis du flux appelé « révélation », selon tout mode d'expression jugé utile à l'advenue, du fait de ses vues[40], de la rectitude du monde sensible par l'action politique, et de celle, par la science, du monde intellectuel.

15. Voilà donc un résumé du discours concernant l'établissement de la prophétie, l'explicitation de sa quiddité et la mention de la révélation, de l'ange et du révélant[41]. Quant à la validité de la prophétie de notre prophète Muḥammad – sur lui soit la prière de Dieu et la paix ! –, la validité de son appel apparaît clairement à l'homme intelligent quand il le compare aux autres prophètes – sur

أفضل، وهو المسمّى بالنبيّ وإليه انتهى التفاضل في الصور المادّيّة [1] وإذا كان كلّ فاضل يسود المفضول ويرؤسه، فإذن النبيّ يسود ويرؤس جميع الأجناس التي فضلهم.

١٤. والوحي هذه الإفاضة؛ والملك هو هذه القوّة المقبولة المفيضة كأنّها عليه إفاضة متّصلة بإفاضة العقل الكلّيّ، مجزّأة عنه لا لذاته بل بالعرض، وهو لتجزيء القابل. وسمّيت الملائكة بأساميّ مختلفة لأجل معان مختلفة، والجملة واحدة غير متجزّئة بذاتها إلاّ بالعرض من أجل تجزيء القابل. والرسالة هي إذا ما قُبل من الإفاضة المسمّاة وحياً على أيّ عبارة استصوبت لصلاح عالميّ البقاء والفساد علماً وسياسة. والرسول هو المبلّغ ما استفاد من الإفاضة المسمّاة وحياً على أيّ عبارة استصوبت، ليحصل بآرائه صلاح العالم الحسّيّ بالسّياسة، والعالم العقليّ بالعلم.

١٥. فهذا مختصر القول في إثبات النبوّة وبيان ماهيّتها وذكر الوحي والملك والموحي. وأمّا صحّة نبوّة نبيّنا محمّد صلّى الله عليه وسلّم، فتبين صحّة دعوته للعاقل إذا قاس بينه وبين غيره من الأنبياء

1 Il nous paraît préférable de modifier ici le découpage des paragraphes de l'édition Marmura, en rattachant cette dernière phrase au § 13 – Marmura en faisant, lui, la première phrase du paragraphe suivant.

eux soit la paix ! –, et <sur cela>, donc, nous nous garderons de délayer.

16. Nous en venons à présent à la solution des symboles au sujet desquels tu m'as interrogé[42]. On a dit que ce qui était exigé du prophète, c'était de parler par symbole et de s'exprimer par allusion – et comme Platon le soutient dans le livre des *Lois*, celui qui ne parvient pas à comprendre ce que signifient les symboles des envoyés n'accède pas au Royaume divin[43]. De même, les plus grands philosophes de la Grèce, comme Pythagore, Socrate et Platon, ainsi que ses prophètes, usaient dans leurs livres de symboles et d'indications, où ils enfouissaient leurs secrets[44]. S'agissant de Platon, il blâma Aristote pour avoir diffusé la sagesse et divulgué la science, si bien qu'Aristote <lui> répondit : « quand même j'aurais agi ainsi, j'ai laissé dans mes livres bien des difficultés[45] que seule une minorité de savants versés dans la sagesse peut parvenir à comprendre »[46]. <S'il n'avait fait de même>[47], comment[48] eût-il été possible au prophète Muḥammad – sur lui soient la prière de Dieu et la paix ! – de porter la connaissance au fruste nomade, pour ne pas dire à tout le genre humain[49] – puisque c'est <bien> à tous qu'il a été envoyé ? (S'agissant de l'action politique, <en revanche>, cela est chose facile pour les prophètes, tout comme l'imposition légale <dont ils chargent leurs peuples>).

17. La première chose que tu m'as demandée concernait ce que le Prophète Muḥammad – que la bénédiction et le salut de Dieu soient sur lui ! – a transmis de son Seigneur Tout-puissant, <lorsqu'il dit> : « Dieu est la lumière des cieux et de la terre ! Sa lumière est comparable à une niche où se trouve une lampe. La lampe est dans un verre ; le verre est semblable à une étoile brillante. Cette lampe est

عليهم السلام. ونحن معرضون عن التّطويل.

١٦. ونأخذ الآن في حلّ المراميز التي سألتني عنها. وقيل إن المشترط على النبيّ أن يكون كلامه رمزاً وألفاظه إيماء. وكما يذكر أفلاطون في كتاب النواميس أنّ من لم يقف على معاني رموز الرسل، لم ينل الملكوت الإلهيّ؛ وكذلك أجلّة فلاسفة يونان وأنبياؤهم كانوا يستعملون في كتبهم المراميز والإشارات التي حشوا فيها أسرارهم، كفيثاغورس وسقراط وأفلاطون. وأمّا أفلاطون فقد عذل ارسطاطاليس في إذاعته الحكمة وإظهاره العلم حتّى قال ارسطاطاليس: «إنّي وإن عملت كذا، فقد تركت في كتبي مهاويَ كثيرة لا يقف عليها إلاّ القليل [1] من العلماء العقلاء». ومتى كان يمكن للنبيّ محمّد صلّى الله عليه وسلّم أن يوقف على العلم أعرابيّاً جلفاً، ولا سيّما البشر كلّهم إذ كان مبعوثاً إليهم كلّهم؟ فأمّا السياسة فإنّها سهلة للأنبياء والتكليف أيضاً.

١٧. فكان أوّل ما سألتني ما بلّغ محمّد النبيّ صلّى الله عليه وسلّم عن ربّه عزّ وجلّ.« اللهُ نُورُ السّمَوات والأرْض مَثَلُ نُوره كَمشكاة فيها مصباحٌ المصباحُ في زُجاجَة، الزّجاجَةُ كأنّها كَوكَب دُرّيّ

1. Marmura : الشريد

allumée à un arbre béni : un olivier, qui ne provient ni de l'Orient, ni de l'Occident, et dont l'huile est près d'éclairer sans que le feu la touche. Lumière sur Lumière ! Dieu guide, vers sa lumière, qui Il veut. Dieu propose aux hommes des paraboles. Dieu connaît toute chose »[50] (Cor. XXIV, 35).

18. Je dis ceci : *lumière* est un terme commun à deux acceptions, l'une essentielle, l'autre métaphorique. Dans son acception essentielle, <la lumière> désigne la perfection du diaphane en tant qu'il est diaphane, comme Aristote le dit[51]. Dans son acception métaphorique, elle peut désigner deux choses : soit le bien, soit la cause qui conduit au bien. Ici, l'acception <qui convient> est l'acception métaphorique, dans ses deux sens. Je veux dire que Dieu – qu'Il soit exalté ! – est à la fois bien par essence et cause de tout bien[52]. Tel est donc le statut <du terme> dans son acception essentielle et non essentielle.

19. L'expression *Les cieux et la terre* désigne le tout.

20. Le terme *niche*, lui, désigne l'intellect matériel et l'âme rationnelle[53]. Car les murs de la niche sont proches l'un de l'autre, <si bien qu'>elle est particulièrement prédisposée à l'illumination, parce qu'en tout ce dont les murs sont proches, la réflexion est plus intense et la lumière plus abondante. Et de même que l'intellect en acte est comparable à la lumière, son récepteur est comparable au récepteur <de la lumière>, c'est-à-dire au diaphane. Or, la meilleure des <réalités> diaphanes est l'air, et l'air le meilleur est <celui de> la niche. Par conséquent, ce qui est symbolisé par la niche est l'intellect matériel, qui est à l'intellect acquis[54] comme la niche est à la lumière.

21. La *lampe* désigne l'intellect acquis en acte[55]. De même en effet que la lumière, selon sa définition par les philosophes, est perfection pour le diaphane, ce qui le fait

يُوقَدُ من شَجَرَة مُبارَكَة زَيتُونَة لا شَرْقيّة ولا غَربيّة يَكادُ زَيتُها يُضيءُ وَلَو لَم تَمسَسهُ نارٌ ، نُورٌ عَلى نُور يَهدي اللهُ لنُوره مَن يَشاءُ ويَضربُ اللهُ الأمثَالَ للنّاس واللهُ بكُلّ شَيء عَليمٌ » .

١٨. فأقول : النور اسم مشترك لمعنيين ، ذاتي ومستعار . والذاتيّ هو كمال المشفّ من حيث هو مشفّ كما ذكر أرسطاطاليس . والمستعار على وجهين ، إمّا الخير وإمّا السبب الموصل إلى الخير . والمعنى ههنا هو القسم المستعار بكلي قسميه ، أعني الله تعالى خير بذاته وهو سبب لكل خير . كذلك الحكم في الذاتيّ وغير الذاتيّ .

١٩. وقوله « السموات والأرض » عبارة عن الكلّ .

٢٠. وقوله « مشكاة » فهو عبارة عن العقل الهيولانيّ والنفس الناطقة ، لأنّ المشكاة متقاربة الجدران ، جيّدة التهيّؤ للاستضاءة ، لأنّ كلّ ما يقارب الجدران ، كان الانعكاس فيه أشدّ والضوء أكثر . وكما أنّ العقل بالفعل مشبّه بالنّور ، كذلك قابله مشبّه بقابله ، وهو المشفّ . وأفضل المشفّات الهواء ، وأفضل الأهوية هو المشكاة . فالمرموز بالمشكاة هو العقل الهيولانيّ الذي نسبته إلى العقل المستفاد كنسبة المشكاة إلى النور .

٢١. والمصباح هو عبارة عن العقل المستفاد بالفعل . لأنّ النور ، كما هو كمال للمشفّ ، كما حدّته الفلاسفة ، و

passer de la puissance à l'acte, l'intellect acquis est perfection pour l'intellect matériel, ce qui le fait passer de la puissance à l'acte[56], <si bien que> le rapport de l'intellect acquis à l'intellect matériel est analogue au rapport de la lampe à la niche[57].

22. Il dit ensuite : *dans un verre*[58], parce que, entre l'intellect matériel et l'<intellect> acquis, il est <encore> un autre niveau, un autre lieu[59], dont le rapport <à ces deux intellects> est comme le rapport que ce qui est entre le diaphane[60] et la lampe <entretient avec eux> ; car ce n'est qu'en vertu d'un intermédiaire, à savoir la cuve à huile[61], que dans la vision la lampe est reliée au diaphane[62] ; et c'est des cuves à huile que sort le verre, lequel, en effet, relève des <réalités> diaphanes qui reçoivent la clarté.

23. Puis il dit après cela : *semblable à une étoile brillante*, pour signifier que <ce verre> est comme le verre pur et diaphane, et non comme le verre coloré, lequel n'est pas <purement> diaphane, puisque rien de ce qui est coloré n'est <purement> diaphane.

24. Par *allumée à un arbre béni, un*[63] *olivier*, il entend la puissance cogitative, qui est sujet et matière des actes intellectuels, comme l'huile est sujet et matière de la mèche allumée[64].

25. *Ni de l'Orient, ni de l'Occident* <s'explique comme suit> : *l'Orient*, d'un point de vue lexical, est l'endroit d'où apparaît[65] la lumière, et *l'Occident*, l'endroit où la lumière disparaît ; ainsi, de façon métaphorique, *l'Orient* est utilisé pour l'endroit où il y a de la lumière, et *l'Occident*, pour l'endroit où elle disparaît. (Observe combien il est pris soin de l'allégorie et des conditions qui s'y attachent : la lumière est posée comme fondement du discours, puis <le Texte> échafaude à partir de là en ajoutant les instruments de la lumière et ses sources[66]).

مخرج له من القوّة إلى الفعل ، كذلك العقل المستفاد كمال للعقل الهيولانيّ ومخرج له من القوّة إلى الفعل . ونسبة العقل المستفاد الى العقل الهيولانيّ كنسبة المصباح الى المشكاة .

٢٢. وقوله « في زجاجة » : لمّا كان بين العقل الهيولانيّ والمستفاد مرتبة أخرى وموضع آخر نسبته كنسبة الذي بين المشفّ والمصباح ، فهو الذي لا يصل في العيان المصباح إلى المشفّ إلاّ بتوسّط ، وهو المسرجة . ويخرج من المسارج الزجاجة لأنّها من المشفّات القوابل للضّوء .

٢٣. ثمّ قال بعد ذلك : « كأنّها كوكبٌ درّيّ » ، ليجعلها الزّجاج الصّافي المشفّ ، لا الزجاج المتلوّن الذي لا يستشفّ . فليس شيء من المتلوّنات يستشفّ .

٢٤. « توقد من شجرة مباركة زيتونة » يعني بها القوّة الفكريّة التي هي موضوعة ومادّة للأفعال العقليّة كما أنّ الدّهن موضوع ومادّة للسّراج .

٢٥. « لا شرقيّة ولا غربيّة » : « الشرق » في اللّغة حيث يشرق منه النور و« الغرب » حيث فيه يُفقَد النّور . ويستعار « الشرق » في حيث يوجد فيه النور ، و« الغرب » في حيث يفقد فيه النور . فانظر كيف راعى التمثيل وشرائطه اللائق به ، حين جعل أصل الكلام النور ، بنى عليه وقرنه بآلات النور ومعادنها .

26. Ce qui, donc, est symbolisé par son expression : *ni de l'Orient, ni de l'Occident*, est ce que je dis <ici> : que la <puissance> cogitative, <prise> absolument, n'est pas l'une des puissances purement rationnelles, où la lumière apparaît absolument (et c'est ce qu'il veut dire en affirmant : *un arbre... ni de l'Orient*), ni l'une des <puissances> bestiales, animales, où la lumière est absolument absente [67] (et c'est ce qu'il veut dire en précisant : *ni de l'Occident*) [68].

27. Quand il dit : Et dont l'huile est près d'éclairer sans que le feu la touche, il loue la puissance cogitative [69].

28. Puis en affirmant : *sans que le feu la touche*, il entend par <ce> *toucher* la jonction et le flux [70].

29. Le mot *feu* <s'explique comme suit> : une fois que la lumière, prise en un sens métaphorique, a été comparée à la lumière réelle, à ses instruments et à ce qui s'y rattache, le porteur essentiel <de cette lumière métaphorique>, qui en est la cause en autre chose, est comparé à ce qui est habituellement <considéré comme> le porteur <de la lumière réelle>, à savoir le feu – car, bien que le feu n'ait pas de couleur, l'habitude commune le tient pour lumineux. (Observe <à nouveau> combien il est pris soin des conditions <de l'allégorie>). Du reste, puisque le feu entoure les éléments [71], <le Texte> lui assimile ce qui entoure le monde – non pas en l'entourant <réellement>, telle une voûte, mais en un sens verbal et métaphorique –, à savoir l'intellect universel [72].

30. Cet intellect n'est pas, comme le croyait d'Aphrodise (qui en a attribué l'opinion à Aristote) [73], le Dieu vrai et premier, parce que cet intellect-là, s'il est un sous un certain rapport, est multiple en tant qu'il consiste dans les formes des [74] multiples universels [75] ; il n'est donc pas un par soi, mais un par accident, et il acquiert l'unité à partir de ce

٢٦. فالرمز بقوله « لا شرقيّة ولا غربيّة » ما أقول : إنّ الفكريّة على الاطلاق ليست من القوى المحضة النطقيّة التي يشرق فيها النور على الاطلاق. فهذا معنى قوله « شجرة لا شرقيّة » . ولا هي من البهيميّة الحيوانية التي يفقد فيها النور . ويمثّل بالغرب على الاطلاق . فهذا معنى قوله « ولا غربيّة » .

٢٧. وقوله « يكاد زيتها يضيء ولو لم تمسسه نار » مدح القوّة الفكريّة .

٢٨. ثم قال « ولو لم تمسسه » يعني بالمسّ الاتّصال والإفاضة .

٢٩. وقوله « نار » : لمّا جعل النّور المستعار ممثّلاً بالنور الحقيقيّ وآلاته وتوابعه ، مثّل الحامل الذاتيّ الذي هو سبب له في غيره بالحامل له في العادة ، وهو النار ؛ وإن لم تكن النار بذي لون ، فالعادة العاميّة أنّها مضيئة . فانظر كيف راعى الشرائط. وأيضاً لما كانت النار محيطة بالأمّهات ، شبّه بها المحيط على العالم ، لا إحاطة سقفيّة ، بل إحاطة قوليّة مجازيّة وهو العقل الكلّيّ .

٣٠. وليس هذا العقل ، كما ظنّ الإسكندر الأفرودسيّ ونسب الظنّ إلى أرسطاطاليس ، بالإله الحقّ الأول ، لأنّ هذا العقل واحد من جهة وكثير من حيث هو صور كلّيّات كثيرة ، فليس بواحد بالذات ، فهو واحد بالعرض ، فهو مستفيد الوحدة ممّن

qui possède cette <unité> par soi, à savoir Dieu, l'Un [76] – que sa grandeur soit magnifiée ! [77]

31. Quant à ce que le Prophète – que la bénédiction et le salut de Dieu soient sur lui ! – a transmis de son Seigneur Tout-puissant lorsqu'Il dit – qu'Il soit exalté ! : « ce jour-là huit <d'entre les Anges> porteront au-dessus d'eux le Trône de ton Seigneur » (Cor. LXIX, 17) [78], nous disons qu'il est courant d'affirmer dans le cadre de la Loi [79] que Dieu – qu'Il soit exalté ! – est sur le trône. Entre autres choses, cette expression signifie que [80] le trône est le terme ultime des existants instaurés et corporels, et parmi les adeptes de la Loi, les anthropomorphistes prétendent que Dieu – qu'Il soit exalté ! – est sur le Trône en lui étant inhérent [81].

32. Dans le discours philosophique [82], <les philosophes> considèrent comme terme ultime des existants corporels la neuvième sphère, qui est la sphère des sphères [83], et ils soutiennent que Dieu – qu'Il soit exalté ! – est là, sur elle, mais pas en lui étant inhérent, ainsi que l'a montré Aristote à la fin du livre <intitulé> la *Physique* [84].

33. Et les sages adeptes de la Loi se sont accordés à dire que ce qui est signifié par le trône, c'est ce corps <céleste ultime> [85]. Ils ont affirmé en outre que <chaque> sphère était mue par l'âme d'un mouvement désirant. Ils n'ont affirmé qu'elle était mue par l'âme que parce que les mouvements sont soit essentiels, soit non essentiels ; <or,> ils ont montré que <le mouvement de la sphère> n'était pas non essentiel ; <or,> le <mouvement> essentiel est soit naturel soit psychique, et <puisqu'>il n'est pas naturel, comme ils l'ont <également> montré, c'est qu'il est psychique [86]. Puis ils ont montré que l'âme <responsable de ce mouvement pour chaque sphère> était le <principe> rationnel, parfait et actif [87], et aussi que les sphères, de toute

له ذلك بالذات، وهو الله الواحد، جلّ جلاله.

٣١. وأما ما بلّغ النبيّ محمّد صلّى الله عليه وسلّم عن ربّه عزَّ وجلّ من قوله تعالى: «و يَحملُ عرشَ رَبّكَ فَوقَهُم يَومَئذٍ ثَمانيَةٌ»، فنقول: إن الكلام المستفيض في الشرائع أنَّ الله تعالى على العرش. ومن أوضاعه أنَّ العرش نهاية الموجودات المبدعة الجسمانيّة. وتدَّعي المشبّهة من المتشرّعين أنَّ الله تعالى على العرش على سبيل حلول هذا.

٣٢. وأمّا في الكلام الفلسفيّ فإنّهم جعلوا نهاية الموجودات الجسمانيّة الفلك التاسع الذي هو فلك الأفلاك. ويذكرون أنَّ الله تعالى هناك وعليه، لا على سبيل حلول، كما بيّن أرسطاطاليس في آخر كتاب سماع الكيان.

٣٣. والحكماء المتشرّعون أجمعوا على أنَّ المعنيّ بالعرش هو هذا الجرم. هذا وقد قالوا إنّ الفلك يتحرّك بالنفس حركة شوقيّة. وإنّما قالوا إنّه يتحرّك بالنفس لأنَّ الحركات إمّا ذاتيّة وإمّا غير ذاتيّة. وبيّنوا أنّها ليست غير ذاتيّة. والذّاتيّة إمّا طبيعيّة وإمّا نفسيّة. وليست بطبيعيّة، كما بيّنوا، فبقي أن تكون نفسيّة. ثمّ بيّنوا أنّ نفسها هو النّاطق الكامل الفعّال؛ ثمّ بيّنوا أنَّ الافلاك

éternité, ne s'annihilaient ni ne changeaient. Or, c'est une idée répandue dans les textes religieux que les anges sont absolument des <êtres> vivants rationnels et qu'ils ne meurent pas, à la différence de l'homme, qui meurt. En conséquence, puisqu'on dit des sphères que ce sont des <êtres> vivants rationnels qui ne meurent pas, et que l'<être> vivant rationnel et immortel est appelé « ange » [88], les sphères sont appelées des « anges » [89]. Et une fois avancées ces prémisses, le fait que le trône soit porté par huit <d'entre les anges> devient clair, tout comme devient claire l'interprétation des exégètes qui y voient huit sphères.

34. « Porter » est pris en deux sens : le « porter » humain – et c'est <l'usage> le plus approprié du terme « porter » – comme <lorsqu'on parle de> la pierre qui est portée sur le dos d'un homme, et le « porter » naturel, comme lorsqu'on dit que l'eau est portée par la terre et le feu par l'air. Et le sens visé, ici, est le « porter » naturel, et non le premier.

35. Quant à ces expressions : « ce jour-là », « l'heure », « la résurrection », leur sens est celui qu'a rappelé le Législateur <quand il a dit> que « toute âme meurt, et renaît » [90]. Et puisque la vérification [91] de <ce qu'est> l'âme humaine [92] est plus certaine lors de la séparation <d'avec le corps> [93], la promesse <de récompense>, la menace <de châtiments> et les choses de ce genre ont été placées à ce moment-là [94].

36. Concernant ce que le Prophète – sur lui soit la paix ! – a transmis de son Seigneur Tout-puissant, que « sur l'Enfer [95] <passe> une voie [96] dont la caractéristique est d'être plus tranchante qu'un sabre et plus fine qu'un cheveu ; que nul n'entrera au Paradis [97] s'il ne l'a traversée ; que celui qui l'aura traversée sera sauvé, tandis que celui qui en tombera sera perdu » [98], il te faut savoir auparavant ce qu'est « le châtiment », ce qu'est « la récompense », quelle

لا تفنى ولا تتغيّر أبد الدّهر . وقد ذاع في الشّرعيّات أنَّ الملائكة أحياء نطقاء قطعاً لا يموتون ، لا كالانسان الذي يموت . فإذا قيل إنّ الأفلاك أحياء ناطقة لا تموت ، والحيّ الناطق الغير الميت يسمّى ملكاً ، فالأفلاك تسمّى ملائكة . فإذا تقدّم هذه المقدّمات ، وضح أنّ العرش محمول ثمانية ، ووضح تفسير المفسرين أنّها ثمانية أفلاك .

٣٤. والحمل يقال على وجهين : حمل بشريّ ، وهو أولى باسم الحمل ، كالحجر المحمول على ظهر إنسان ، وحمل طبيعيّ ، كقولنا الماء محمول على الأرض والنار على الهواء . والمعنى ههنا هو الحمل الطبيعيّ ، لا الأوّل .

٣٥. وقوله « يومئذ » و« الساعة » و« القيامة » ، فالمعنيّ بها ما ذكر صاحب الشريعة : « كلّ نفس ماتت فقد قامت قيامتها » . ولمّا كان تحقيق النفس الانسانيّة عند المفارقة آكد ، جعل الوعد والوعيد وأشباههما إلى ذلك الوقت .

٣٦. وأمّا ما بلّغ النبيّ عليه السّلام عن ربّه عزّ وجلّ أنَّ على النار صراطاً صفته أنّه أحدّ من السيف وأدقّ من الشّعر ولن يدخل أحد الجنّة حتى يجوز عليه ، فمن جاز عليه نجا ، ومن سقط عنه خسر ، فتحتاج قبل هذا أن تعلم العقاب ما هو والثواب ما هو وأيّ

chose on entend par « le Paradis », quelle chose on entend par « l'Enfer ».

37. Je dis donc que la récompense est de demeurer[99] dans la providence divine première, sans aspiration vers ce qui, d'ordre scientifique ou pratique, est inaccessible. Cela n'aura lieu qu'après avoir atteint la perfection dans les affaires scientifiques, et une fois éloignés les vices dans les affaires pratiques (afin que <ces vices> ne deviennent pas une habitude ni une disposition auxquelles l'âme aspirerait comme on aspire à des choses familières, ce qui rendrait impossible d'y renoncer et d'y résister). Et cela n'aura lieu qu'après s'être opposé à l'âme animale dans ses actions et ses perceptions pratiques, excepté pour ce qui est nécessaire.

38. <De fait>, celui qui a péri n'a péri que parce que, en l'absence des sens, la puissance animale qu'est <son> estimative est venue s'appliquer de façon mensongère sur la forme abstraite[100]. L'audacieuse[101] <puissance>, marqué du trait de l'intellect matériel[102], n'est assurément pas, en captivant l'esprit[103], à l'abri du doute en ce qu'elle imite, ni, en ce qu'elle croit, à l'abri du revirement[104], et <pour finir> d'une corruption prévisible, d'une ruine future[105]. <En effet>, une fois que s'est corrompue la forme[106] <vaine> à laquelle <l'homme victime de cette puissance estimative> croyait[107], l'âme rationnelle se retrouve, pour s'être en quelque façon ajustée[108] à cette <estimative trompeuse>[109], dépourvue des formes intellectuelles nobles qui la font passer à l'acte. Une fois sortie <du corps>, la perception de ce qui l'entrave lui vient <certes> naturellement, comme pour une pierre qu'on a soulevée, qu'on a conduite à un autre lieu que son lieu naturel, puis qui le quitte : ce qui l'empêchait s'étant retiré, elle retombe en chutant vers le bas, retournant <ainsi> à sa nature. <Mais> cela <i.e. la

شيء هو المعنيّ بالجنّة، وأيّ شيء المعنيّ بالنار.

٣٧. فأقول: إذا كان الثواب هو البقاء في العناية الإلهيّة الأولى، مع عدم النزاع إلى ما لا سبيل إليه من الأشياء العلميّة والعمليّة، ولا يحصل ذلك إلاّ بعد الاستكمال من العلميّات ومجانبة خسائس العمليّات، لئلا تعود عادة وملكة تتوق إليها النفس توقان الألوف، فيتعذّر الصبر عنه وعليه، ولن يحصل ذلك إلاّ بعد مخالفة النّفس الحيوانيّة في أفعالها وإدراكاتها العمليّة، إلاّ ما لا بدّ منه.

٣٨. فما هلك من هلك إلا بمطابقة الوهم من القوى الحيوانيّة على الصورة المجرّدة في غيبة الحواسّ بالكذب. والجسور المتّسم بسمة العقل الهيولانيّ بخَلبه اللبّ لا جرم لا يعرى عن ارتياب في مقلّده وارتداد في معتقده، وفساد منتظر، وعطب مستقبل. فإذا فسدت الصورة [1] المعتقدة، وجدت [2] النفس النّاطقة في مطابقتها له نوعاً من التطابق عارية عن الصور الشريفة العقليّة المخرجة لها إلى الفعل وقد أخرجت، طبعها أدراك مانعها، كحجرة شالها إلى العلوّ شايل فبلغ بها غير مركزها الطبيعيّ؛ ففارقته فانثنت إلى السفل هابطة وإلى طبيعتها معاودة، إذ بان عائقها. وذلك

1. Marmura : فسد بصوره
2. Marmura : وجد

perception de ses entraves> <n'arrive à l'âme qu'>après que se sont corrompus les instruments dont <l'individu> disposait pour obtenir [110] l'intellect acquis, comme les sens externes, les sens internes, l'estimative, la mémoire et la cogitative. <L'individu>, alors, demeure plein d'un ardent désir que la nature de son <âme> acquière ce qui parachève son essence, mais sans plus disposer de l'instrument de <cette> acquisition [111].

39. Y a-t-il épreuve plus grande que celle-là, surtout quand c'est pour l'éternité que <l'âme rationnelle> demeure dans cet état ? [112] S'agissant maintenant de son ajustement à <l'estimative> pour ce qui est des vices pratiques, on peut douter que l'âme demeure jamais séparée de ses frères de malheur, alors que <l'individu> s'est déjà accoutumé au plaisir appétitif sensible par lequel il s'est ajusté à eux, et qu'il ne s'y est pas opposé. De fait, comment serait-il possible qu'il atteigne ce <plaisir> maintenant qu'il n'a plus avec lui de puissance appétitive sensible ? C'est ainsi qu'on dit : « Ne t'amourache pas d'un voyageur ! Qu'il voyage ou qu'il meurt, tu resteras souffrant dans le feu ardent du désir » [113].

40. Puisqu'on vient d'expliquer brièvement la signification du châtiment et de la récompense, discutons à présent de l'essence du Paradis et de l'Enfer. Nous disons : puisqu'il y a trois mondes, un monde sensible, un monde imaginatif et estimatif, et un monde intellectuel, <sache que> le monde intellectuel est le lieu de la permanence, à savoir le Paradis, que le monde imaginatif et estimatif, comme on l'a vu, est le monde de la perdition [114], et que le monde sensible, enfin, est le monde des tombeaux. Sache ensuite, <toutefois>, que l'intellect, pour la conception de la plupart des universels [115], requiert l'induction des

بعد أن فسدت آلاتها التي كان يتصرّف بها في اكتساب العقل المستفاد، كالحسّ الظاهر والحسّ الداخل والوهم والذكر والفكر، فبقي مشتاقاً إلى طبعها من اكتساب ما يتمّ ذاتها، وليس معها آلة الكسب.

٣٩. وأيّ محنة أكثر منها، ولا سيّما إذا تقادم الدّهر في بقائها على تلك الحالة. فأمّا في مطابقتها له من الحسائس العمليّة، فهو شكّ أن تبقى النفس مفارقة لإخوانها السوء وقد ألف ما طابقهم عليه ولم يمانعهم فيه من اللذة الشهوانيّة الحسّيّة. فأنّى يحصل له ذلك ولا قوّة شهوانيّة حسّيّة معه. ومثله كما يقال: لا تعشق أحداً من السفر ومات الرجل؛ فينتزع ما يدهمك الباقي؛ فتبقى في حرّ وقد الصبابة.

٤٠. وإذ قد تبيّن على الاختصار معنى العقاب والثواب، فالآن نتكلّم في ماهيّة الجنّة والنار فنقول: وإذا كان العوالم ثلاثاً، عالم حسّيّ وعالم خياليّ وهميّ وعالم عقليّ، فالعالم العقليّ حيث المقام، وهو الجنّة. والعالم الخياليّ الوهميّ، كما بيّن، هو حيث العطب. والعالم الحسّيّ، هو عالم القبور. ثم اعلم أنّ العقل يحتاج في تصوّر أكثر الكلّيّات إلى استقراء

particuliers, lesquels requièrent nécessairement les sens externes. Tu sauras ensuite que l'intellect, des sens externes jusqu'à l'imagination, puis l'estimative et la cogitative – <tout> cela faisant partie de la Fournaise – emprunte une voie et un chemin étroits et difficiles, jusqu'à ce que <cet> intellect accède à lui-même et qu'il intellige. Il voit alors comment il a emprunté un chemin et une voie <passant> dans le monde de la Fournaise. S'il le traverse, il atteint le monde de l'intellect, tandis que s'il s'y arrête, qu'il imagine que l'estimative est intellect et que ce qu'elle indique est vrai, il s'arrête alors dans la Fournaise, séjourne dans la Géhenne, périt et subit une immense perte. Tel est le sens, donc, de son discours sur la « voie ».

41. Quant à ce que le prophète Muḥammad – que la bénédiction et la paix soient sur lui ! – a transmis de son Seigneur Tout-puissant, en disant : « dix-neuf y[116] sont préposés » (Cor. LXXIV, 30)[117], puisqu'on a déjà expliqué ce qu'était la Fournaise, et que nous avons montré qu'il s'agissait en somme de l'âme animale, puis montré que c'est elle qui demeurait éternellement[118] dans la Géhenne[119], et <puisque cette âme> est divisée en deux parties, une partie perceptive <théorique> et une partie pratique, que la pratique est concupiscible et irascible, que la théorique[120] est <constituée des> représentations[121], par l'imagination, des choses senties par les sens externes, que ces choses senties sont <au nombre de> seize[122], que la puissance estimative qui juge ces formes d'un jugement non nécessaire est unique, eh bien, deux, plus seize, plus un, <font> dix-neuf, si bien qu'on a montré la véracité de son propos : « dix-neuf y sont préposés ».

الجزئيّات . فلا محالة أنّها تحتاج إلى الحسّ الظاهر . فتعلم أنّه يأخذ من الحسّ الظاهر إلى الخيال إلى الوهم إلى الفكرة ، وهذا هو من الجحيم ، طريقاً وصراطاً دقيقاً صعباً حتى يبلغ إلى ذاته العقل فيعقل . فهو إذن يرى كيف أخذ صراطاً وطريقاً في عالم الجحيم . فان جازه بلغ عالم العقل ؛ فإن وقف فيه وتخيّل الوهم عقلاً وما يشير إليه حقاً ، فقد وقف على الجحيم وسكن في جهنّم وهلك وخسر خسراناً عظيماً . فهذا معنى قوله في الصّراط .

٤١ . وأمّا ما بلّغ النبيّ محمّد عليه الصلاة والسلام عن ربّه عزّ وجلّ من قوله : « عَلَيها تسعَةَ عَشَرَ » ؛ فإذ قد تبيّن أنّ الجحيم هو ما هو ، وبيّنّا أنّه بالجملة هو النفس الحيوانيّة ، وتبيّن أنّها الباقية الدائمة في جهنّم ، وهي منقسمة قسمين ، إدراكيّة وعمليّة والعمليّة شوقيّة وغضبيّة ؛ والعلميّة [1] هي تصوّرات الخيال المحسوسات بالحواس اللظاهرة ؛ وتلك المحسوسات ستّة عشر ؛ والقوّة الوهميّة الحاكمة على تلك الصور حكماً غير واجب واحدة ، واثنان وستة عشر وواحد ، تسعة عشر ؛ فقد تبيّن صحّة قوله « عليها تسعة عشر » .

1. Marmura: والعمليّة

42. Quant à ce qu'il dit : « comme gardiens du Feu, nous n'avons placé que les Anges » (Cor. LXXIV, 31)[123], il est de coutume dans la religion d'appeler « Anges » les puissances subtiles non sensibles.

43. Quant à ce qu'a transmis le prophète Muḥammad – sur lui soit la paix ! – de son Seigneur Tout-puissant, que « l'Enfer a sept portes, et le Paradis, huit »[124], eh bien, puisque l'on sait que les choses qui perçoivent, soit perçoivent les particuliers <concrets>[125], comme les sens externes, qui sont cinq (et leur perception des formes comprend les matières <dans lesquelles ces formes se trouvent>), soit perçoivent en représentant <les formes> sans <leurs> matières : c'est le cas du dépôt des sens, appelé « imagination », puis d'une puissance qui les juge d'un jugement non nécessaire, à savoir l'estimative[126], et <enfin> d'une puissance qui juge d'un jugement nécessaire, à savoir l'intellect, <tout> cela fait huit. Lorsque les huit s'associent en un tout, elles conduisent à la félicité éternelle et à l'entrée dans le Paradis. En revanche, si <ne> sont présentes <que> sept d'entre elles[127], qui ne se parachèvent que par la huitième, c'est à la détresse éternelle qu'elles conduisent. Il est d'usage dans la langue qu'une chose conduisant à une autre soit appelée « sa porte ». Par conséquent, les sept <puissances> conduisant à l'Enfer sont appelées « ses portes », et les huit qui conduisent au Paradis sont appelées, <elles aussi>, « ses portes ».

44. Ceci, en bref, est l'explication de l'ensemble des questions <que tu m'as posées>.

٤٢. وأمّا قوله : « وَمَا جَعَلنا أصحابَ النّار إلاّ مَلائكَةً » ، فمن العادة في الشريعة تسمية القُوى اللّطيفة الغير المحسوسة ملائكة.

٤٣. وأمّا ما بلّغ النبيّ محمّد عليه السّلام عن ربّه عزّ وجلّ أنّ للنار سبعة أبواب وللجنّة ثمانية أبواب ، فإذ علم أنّ الأشياء المدركة أمّا مدركة للجزئيّات كالحواسّ الظاهرة ، وهي خمسة ، وإدراكها الصّور مع المواد ؛ أو مدركة متصورة بغير موادّ ، كخزانة الحواسّ المسمّى بالخيال ؛ وقوّة حاكمة عليها حكماً غير واجب ، وهو الوهم ؛ وقوّة حاكمة حكماً واجباً ، وهو العقل ؛ فذلك ثمانية. فإذا اجتمعت الثمانية جملة ، أدّت إلى السّعادة السرمديّة والدخول في الجنّة. وإن حصل سبعة منها ، لا تستتمّ إلاّ بالثّامن ، أدّت إلى الشّقاوة السرمديّة. والمستعمل في اللغات أنّ الشيء المؤدّي إلى الشيء يسمّى باباً له. فالسبعة المؤدّية إلى النار سميّت أبواباً لها ، والثمانية المؤدّية إلى الجنّة سمّيت أبواباً لها.

٤٤. فهذا إبانة جميع المسائل على الايجاز.

NOTES

1. O. Lizzini traduit autrement : « e <sempre> a partire da <ciò> cui questa… », en lisant « wa-*mim*man la-hu… » (comme cela paraît plusieurs fois dans le texte : § 8; 9; 30, etc.), là où nous lisons avec Marmura : « wa-man la-hu ». En lisant comme O. Lizzini, nous pourrions traduire : « et <cela> grâce à ce qui la possède en acte, cette chose étant en lui toujours en acte… ». À considérer la suite de la phrase, les deux traductions reviennent au même.

2. Sur cette conception de la lumière, non seulement visible, mais visible par essence et cause, en cela, de la visibilité du reste, *cf.* notamment Platon, *République*, VI, 507d *sq.* ; Alexandre d'Aphrodise, *De l'âme*, 44, 13-15; 89, 1-2 (trad. Bergeron et Dufour, p. 135; 211); *De l'intellect*, 107, 31 *sq.* ; 111, 32 *sq.* (trad. Dufour, p. 19-20; 25-26; Moraux, p. 186-187; 191); *In Librum De Sensu Commentarium*, 43, 13-14; 45, 26-46, 3; 46, 21-47, 1; 47, 13; *In Aristotelis Metaphysica Commentaria*, 142, 13-16. Plus largement, sur le principe de cette « causalité par éminence » (ou causalité du maximum), *cf.* Aristote, *Métaphysique*, I, 1, 993b 23-31 (et le commentaire *ad loc.* d'Alexandre d'Aphrodise, *In Met.*, 146-149); *Seconds Analytiques*, I, 2, 72a 25-32; voir A. C. Lloyd, « The Principle that the Cause is greater than its Effect », *Phronesis*, 21, 2 (1976), p. 146-156; L. Lavaud, *D'une métaphysique à l'autre. Figures de l'altérité dans la philosophie de Plotin*, Paris, Vrin, 2008, p. 209 *sq.*; G. Guyomarc'h, *L'unité de la métaphysique selon Alexandre d'Aphrodise*, Paris, Vrin, 2015,

spéc. p. 104-111 et 270-279. Pour son usage dans la philosophie médiévale latine, voir entre autres V. de Couesnongle, « La causalité du maximum. L'utilisation par Saint Thomas d'un passage d'Aristote », *Revue des Sciences Philosophiques et Théologiques*, 84 (1954), p. 433-444 et « La causalité du maximum. Pourquoi Saint Thomas a-t-il mal cité Aristote ? », *ibid.*, p. 658-680.

3. Voir E. W. Lane, *An Arabic-English Lexicon*, London, Williams and Norgate, 1863, p. 2993 : *qumquma*, « a well-known vessel of copper, in which water is heated ».

4. Marmura lit un passif (*muṣawwar*), assurément possible, et traduit : « Another example is *the formed* statue composed of bronze and the human form » (nous soulignons; cela pourrait donner : « de même pour la statue dotée d'une forme, composée de bronze et d'une forme d'homme »). O. Lizzini, que nous suivons, propose : « è come la statua che rappresenta <un dato uomo> ».

5. Le texte présente une équivoque fréquente quand il parle tantôt de la « puissance » (*quwwa*) *qu'est* l'âme rationnelle (laquelle, en elle-même, est en vérité une substance), tantôt de ces « puissances » (*quwā*) *que sont en elle* les intellects matériel, en habitus, acquis (lesquels ne sont rien que divers degrés de réalisation de la capacité humaine de penser). Sur les différents degrés de l'intellect théorétique (outre les références de détail données *infra*), voir notamment Alexandre d'Aphrodise, *De l'âme*, 81, 22 *sq.* (trad. Bergeron et Dufour, p. 199 *sq.*); *Sur l'intellect*, 106, 19 *sq.* (trad. Dufour, p. 17; Moraux, p. 185 *sq.*); Thémistius, *Paraphrase* du traité *De l'âme*, 98, 12 *sq.* (*ad* 430a10-14; éd. Lyons, p. 169 *sq.*); al-Kindī, *Lettre sur l'intellect*, trad. Jolivet, p. 2, 9 *sq.*; 5, 1 *sq.* (ar. p. 158, 5 *sq.*; 160, 1 *sq.*); al-Fārābī, *Idées des habitants de la cité vertueuse* (*Kitāb Ārā' Ahl al-Madīnat al-Fāḍilat*), chap. 22, trad. Karam, Chlala, Jaussen, p. 73 *sq.* (éd. Cherni, p. 180 *sq.*; éd. Walzer, p. 196 *sq.*); chap. 27, p. 91 *sq.* (éd. Cherni, p. 236; éd. Walzer, p. 242 *sq.*); *Épître sur l'intellect* (*Risāla fī l-ʿaql*), éd. Bouyges, p. 12, 4 *sq.* (trad. Vallat, p. 20 *sq.*; Hamzah, p. 70 *sq.*); *Philosophie d'Aristote*, éd. Mahdi, § 13 *sq.*, p. 121 *sq.* (trad. Mahdi, p. 122 *sq.*). Pour Avicenne lui-même, voir *Le livre de science* (*Dāneš Nāmeh*), II, trad. Achena et Massé, p. 69 *sq.*; *Livre des définitions*

(*Kitāb al-ḥudūd*), § 3, 23, p. 16-19 (fr.) ; 12-13 (ar.) ; *Livre de l'âme* (*Kitāb al-nafs*) du *Šifā'*, I, 5, éd. Rahman, p. 48-50 (éd. Van Riet, p. 96, 37-99, 78) ; *Livre du salut* (*Kitāb al-Naǧāt*), éd. Fakhry, p. 203-205 (trad. Rahman, p. 33-34) ; *Livre de la genèse et du retour* (*Kitāb al-mabda' wa-l-ma'ād*), III, 4, éd. Nûrânî, p. 97-100 (trad. Michot, p. 67-68) ; *Livre des Directives et remarques* (*Kitāb al-'išārāt wa l-tanbīhāt*), trad. Goichon p. 324 *sq.* ; p. 332 ; cf. *On the Rational Soul (Risālat fī l-kalām 'alā l-nafs al-nāṭiqa)*, trad. Gutas, *in* D. Gutas, *Avicenna and the Aristotelian Tradition*, p. 72 *sq.* Enfin, voir A.-M. Goichon, *Lexique*, n°439.

6. Sur l'inégalité de rang entre les hommes (et le partage entre élite et foule), voir notamment al-Fārābī, *Idées des habitants de la cité vertueuse*, chap. 27, trad. Karam, Chlala, Jaussen, p. 91 *sq.* (éd. Cherni, p. 236 ; éd. Walzer, p. 243) ; *Livre du régime politique* (*Kitāb al-siyāsa al-madaniyya*), éd. Najjar, p. 75, 5 *sq.* (trad. Vallat, p. 142 *sq.* ; éd. Cherni, p. 150 *sq.*) ; *De l'obtention du bonheur (Taḥṣīl al-sa'āda)*, éd. al Yasin, § 45, p. 165 *sq.* ; § 53-54, p. 168 *sq.* (trad. Seyden-Lévy, § 40, p. 65 ; § 50-51, p. 77 *sq.*) ; *Kitāb al-ḥurūf*, § 108-115, éd. Mahdi, p. 131 *sq.* Chez Avicenne lui-même, voir ce qu'écrit J. [Y.] Michot, *La destinée de l'homme selon Avicenne*, p. 49-54.

7. C'est par simple comparaison que l'intellect est dit « matériel ». Il n'a rien de matériel à proprement parler, sans quoi la pensée – c'est-à-dire la saisie de *l'universel* – serait impossible. Reste que, *comme la matière*, cet intellect est *un substrat susceptible de recevoir des formes*. Cette justification – même si la thèse vient d'Aristote en *De an.* III, 5, 430a10-11 – est héritée d'Alexandre d'Aphrodise : *cf.* son traité *Sur l'intellect*, 106, 20 *sq.* (éd. Badawī, p. 31, 15 *sq.* ; trad. Dufour, p. 17-18 : « je qualifie <le premier intellect> de matériel, non parce qu'il est un substrat au même titre que la matière (car la matière est selon moi un substrat qui, par la présence d'une forme, peut devenir un être individuel), mais parce que le fait d'être matière tient, pour la matière, dans sa capacité à être toutes choses : ce en quoi se trouvent cette capacité et cet être en puissance est, dans la mesure où il est de cette nature, matériel. ») ; *cf.* la note suivante.

8. Sur l'intellect « matériel », voir Aristote, *De l'âme*, III, 4, 429a10 *sq.* ; III, 5, 430a10-15 ; Alexandre d'Aphrodise, *De l'âme*, 81, 13-15 ; 23-28 ; 84, 14 *sq.* (trad. Bergeron et Dufour, p. 197 ; 199 ; 203) ; *Sur l'intellect*, 106, 19 *sq.* (trad. Dufour, p. 17 *sq.* ; Moraux, p. 185 *sq.* ; éd. Badawī, p. 31 *sq.*) ; Thémistius, *Paraphrase* du traité *De l'âme*, 93, 32 *sq.* ; 107, 30 *sq.* (éd. Lyons, p. 163, 5 *sq.* ; 195, 15 *sq.*) ; al-Kindī, *Lettre sur l'intellect*, trad. Jolivet, p. 2, 12-13 ; 4, 9 *sq.* ; 5, 4-5 (ar. p. 158, 6-7 ; 159, 14 *sq.* ; 160, 1-2) ; al-Fārābī, *Épître sur l'intellect*, éd. Bouyges, p. 12, 6 *sq.* (trad. Vallat, p. 20 *sq.* ; Hamzah, p. 70) ; *Idées des habitants de la cité vertueuse*, trad. Karam, Chlala, Jaussen, chap. 22, p. 73 *sq.* (p. 89 pour l'arabe ; éd. Cherni, p. 180-181 ; éd. Walzer, p. 198, § 1, 4 *sq.*) ; chap. 27, p. 91 *sq.* (p. 108 pour l'arabe ; éd. Cherni, p. 236-237 ; éd. Walzer, p. 243, § 9) ; *Livre du régime politique* (*Kitāb al-siyāsa al-madaniyya*), éd. Najjar, p. 34 (trad. Vallat, p. 15 ; éd. Cherni, p. 42-43) ; p. 37 (trad. Vallat, p. 27 *sq.* ; éd. Cherni, p. 52-53) ; *La philosophie d'Aristote*, éd. Mahdi, p. 127, § 18 (trad. Mahdi, p. 126, § 18). Pour Avicenne lui-même, voir A.-M. Goichon, *Lexique*, n° 439, 11, p. 232, puis Avicenne, *Livre des définitions*, § 3, 23, p. 16 (fr.) ; 12-13 (ar.) ; *Livre de l'âme* (*Kitāb al-nafs*) du *Šifā'*, I, 5 ; éd. Rahman, p. 48, 16-17 ; p. 49, 2 (éd. Van Riet, p. 95, 24-26 ; 96, 37-43) ; *Kitāb al-Naǧāt*, éd. Fakhry, p. 204, 3 *sq.* (trad. Rahman, p. 33-34) ; *Livre de la genèse et du retour* (*Kitāb al-mabda' wa-l-maʿād*), éd. Nûrânî, p. 96-97 (trad. Michot, p. 67). Rappelons que l'intellect matériel n'est pas identique à l'intellect en puissance mais qu'il n'en constitue que le premier degré. Cet intellect en puissance compte en effet trois degrés : a) l'intellect matériel, b) l'intellect en habitus, et – en dépit de son nom – c) l'intellect en acte.

9. Littéralement, comme au paragraphe suivant : « un intellect parfait en puissance ». L'intellect matériel est « parfaitement en puissance » en ce qu'il est capable sans restriction de recevoir toutes les formes intelligibles – il s'agit ici d'une puissance « passive » (encore que la notion de passivité soit, comme on sait, fort équivoque : *cf.* Aristote, *De an.* II, 5, 417b2 *sq.*), d'une parfaite aptitude à être affecté ; et l'intellect en habitus (en disposition), lui aussi, est « parfaitement en puissance » (v. le paragraphe suivant),

mais en ce sens cette fois qu'il est pleinement capable de déduire des intelligibles « seconds » sur la base des premiers intelligibles qu'il possède déjà – il s'agit donc à l'inverse d'une puissance active, d'une parfaite capacité, si l'on peut dire, à produire du savoir. Notons que la puissance de brûler qu'a le feu est un exemple ambigu pour illustrer cette capacité d'« action » de l'intellect en habitus, puisque le feu, quand il dévore le combustible qui se présente à lui, qu'il s'en fait, comme dit Alexandre d'Aphrodise, « une nourriture pour lui-même », « pâtit » aussi « dans la mesure où il se nourrit » (cf. *De l'intellect*, p. 111, 19 *sq.*; trad. Dufour, p. 25; Moraux, p. 191; éd. Badawī, p. 38, 18 *sq.*).

10. Le *wa-*, qu'on rend par une simple virgule, nous paraît épéxégétique (comme plus bas, *cf.* § 21). On traduirait, sinon : « Une deuxième puissance <de l'âme rationnelle> possède une <certaine> capacité et une <certaine> disposition à concevoir les formes universelles ».

11. On traduit ici *taṣawwur* par l'usage du verbe « concevoir » (idem au § 7, pour *mutaṣawwira*); au § 43, *mutaṣawwira* est rendu en revanche par « représenter ».

12. On lit plus bas, § 8 : *al-ārā' al-'ammiyya*; *cf.* Avicenne, *Métaphysique* (*Kitāb al-Ilāhiyyāt*) du *Šifā'*, I, 1; éd. Rahman, p. 4, 2 (trad. Anawati, p. 85; éd. Van Riet, p. 1-2). Voir les remarques de M. Marmura, « Avicenna's Psychological Proof of Prophecy », *Journal of Near Eastern Studies*, 22 (1963), p. 49-56, ici p. 51, n. 13; O. Lizzini, « Avicenna : the Pleasure of Knowledge and the Quietude of the Soul », *Quaestio*, 15 (2015), p. 265-273, ici p. 267. Sur l'obtention des intelligibles premiers, *cf.* al-Fārābī, *La philosophie d'Aristote*, éd. Mahdi, p. 127, § 18 (trad. Mahdi, p. 126, § 18); *Livre du régime politique* (*Kitāb al-siyāsa al-madaniyya*), éd. Najjar, p. 74-75 (trad. Vallat, p. 139 *sq.*; éd. Cherni, p. 150 *sq.*); *Grand Traité de la musique*, I, 1; trad. Baron R. D'Erlanger, p. 30-32. Pour Avicenne, voir entre autres le *Livre de science* (*Dāneš Nāmeh*), I, trad. Achena et Massé, p. 110-111; II, p. 69 (« deux sortes d'intelligibles sont reçues par <l'intelligence matérielle> : 1) les véritables données premières dont il est dans sa substance de les recevoir <...>; 2) les opinions que l'âme reçoit par habitude;

l'utilité des opinions existe davantage dans la vie pratique ; quand il en est ainsi, c'est ce qu'on nomme *intelligence habitus*, c'est-à-dire *intellect pratique* qui alors est apte à la connaissance des choses ») ; *Réfutation de l'astrologie*, p. 48 *sq.*, avec les notes de Y. Michot ; *On the Rational Soul (Risālat fī l-kalām ʿalā l-nafs al-nāṭiqa)*, trad. D. Gutas, *Avicenna and the Aristotelian Tradition*, p. 69-70 ; *Métaphysique* (*Kitāb al-Ilāhiyyāt*) du *Šifā'*, I, 5 : ces notions sont les « intentions premières », l'existant ou l'être, le nécessaire ou l'obligatoire, la chose, l'un. Voir également D. Hasse, *Avicenna's* De anima *in the Latin West*, p. 179-180 ; D. Gutas, *Avicenna and the Aristotelian Tradition*, p. 161 *sq.* ; p. 171 ; H. Davidson, *Alfarabi, Avicenna and Averroes, on Intellect*, p. 86-7.

13. Sur l'intellect proprement *disposé* – et non plus seulement *apte*, ou *prédisposé* – à savoir l'intellect *en habitus*, voir entre autres Alexandre d'Aphrodise, *De l'âme*, 82, 1 *sq.* ; 85, 10 *sq.* (trad. Bergeron et Dufour, p. 199 ; 203) ; *Sur l'intellect*, 107, 21 *sq.* (trad. Dufour, p. 19 ; Moraux, p. 186 ; éd. Badawī, p. 33, 15 *sq.*) ; Thémistius, *Paraphrase* du traité *De l'âme*, 98, 22 *sq.* (éd. Lyons, 173 *sq.*) ; al-Fārābī, *Épître sur l'intellect*, trad. Vallat, p. 23 *sq.* (éd. Bouyges, p. 15 *sq.* ; trad. Hamzah, p. 71 *sq.*). Pour Avicenne lui-même, voir notamment *Livre des définitions*, § 3, 23, p. 16 (fr.) ; 13 (ar.) ; *Livre de l'âme* (*Kitāb al-nafs*) du *Šifā'*, I, 5, éd. Rahman, p. 49, 13 (éd. Van Riet, p. 96 *sq.*).

14. On donne au *wa-* une valeur circonstancielle : leur passage à l'acte est le procès concomitant de l'advenir de l'intellect acquis. D. Gutas, *Avicenna and the Aristotelian Tradition*, p. 486, n. 39, conteste la traduction de Marmura : « when these have become actualized », en précisant que « there is no temporal clause here ». Nous maintenons donc l'inverse.

15. En ce sens que l'intellect acquis les suppose, et que, en quelque façon, il les « sursume » (puisqu'il n'est rien que leur plein accomplissement). Le texte étant ici très incertain, toutefois, la traduction l'est aussi. Comme M. Marmura et O. Lizzini, nous conservons la leçon de l'édition Marmura et lisons un passif (*tu'ḫaḏu bihā*). Le premier traduit (nous soulignons) : « there is,

besides these two, a third power that is actually informed with the forms of the universal intelligibles *of which the other two form a part* when these have become actualised » ; et la seconde : « vi è poi una terza potenza che concepisce le forme degli intelligibili universali in atto <e> *in cui si trovano riassunte* le due potenze precedenti che sono così passate all'atto ». D. Gutas, qui rappelle que le texte n'a rien de sûr, lit la forme active *ta'ḫuḏu bihā* en indiquant que *'aḫaḏa bi-* signifie « to follow, adhere, and adopt to the ways of something (Lane I, 29a) or practice something » (*Avicenna and the Aristotelian Tradition*, p. 486, n. 39). Ce faisant, il conteste la traduction de Marmura, et propose : « <there exists in man> a third faculty, actually conceiving the forms of the universal intelligibles, which the former two faculties (the "material" and dispositional) follow, and the two <then> issue forth to actuality » (*ibid.*). Notons que dans la page du *Lexicon* de Lane à laquelle D. Gutas renvoie, le sens de *'aḫaḏa bi-* qu'il retient est rapproché du verbe *tašabbaṯa* (adhérer à…), et que ce verbe apparaît dans la traduction arabe du *De intellectu* d'Alexandre d'Aphrodise (112, 16 *sq.* ; éd. Badawī, p. 40, 7 *sq.*), dans un passage important (et délicat, puisqu'il ne correspondait pas, en fait, à une position personnelle d'Alexandre) qui pourrait n'être pas sans rapport avec ce qu'on lit ici. Il est question de l'intellect agent, divin (que le texte arabe va nommer « acquis » en tant qu'il entre en nous), lorsque celui *s'empare* de cet outil qu'est pour lui l'intellect matériel : « ainsi, lorsque <cet intellect séparé> se saisit (*tašabbaṯa*) de cet instrument <qu'est l'intellect matériel>, à ce moment-là il agit comme agit par l'instrument l'artisan qui possède l'instrument ».

16. M. Marmura retient *al-mustafād* (« acquis »), ses autres manuscrits ayant *al-fa“āl* (« agent ») ; sur cette difficulté textuelle et théorique, voir D. Gutas, *Avicenna and the Aristotelian Tradition*, p. 486-87, et voir plus bas le § 21, avec la note. Sur l'intellect « acquis » (*mustafād*), voir l'« Aristote » des *Parva Naturalia* arabes (édité et cité par R. Hansberger dans sa thèse de doctorat, *The Transmission of Aristotle's* Parva Naturalia *in Arabic*, Somerville

College, University of Oxford, Faculty of Oriental Studies, 2006, p. 48 *sq.*) ; Alexandre d'Aphrodise, *Sur l'intellect*, éd. Badawī, p. 34, 19-22 (Bruns, 108, 19-24) ; 35, 4-5 (Bruns, 108, 29-31) ; 35, 6-9 (Bruns, 109, 2-4) ; 36, 8-9 (Bruns, 110, 4-6) ; 37, 14 (Bruns, 110, 24) ; 39, 6-7 (Bruns, 111, 27-28) ; 39, 7-8 (Bruns, 111, 29-31) ; 39, 12 (Bruns, 111, 33-34) ; 39, 18-19 (Bruns, 112, 5-6) ; 41, 18 (Bruns, 113, 18) ; 42, 3 (Bruns, 113, 21) ; Id., *De l'âme*, 90, 11-91, 6 (trad. Bergeron et Dufour, p. 213 – la notion d'acquisition a surgi dans la version arabe du texte, aujourd'hui disparue, comme l'indique la référence qu'y fait Averroès dans son *Grand Commentaire* du traité *De l'âme* (*Commentarium magnum in Aristotelis De anima libros*), éd. Crawford, p. 482, 94 *sq.* ; *cf.* Averroès, *L'intelligence et la pensée. Grand Commentaire du* De anima, *Livre III (429a10–435b25)*, trad. A. de Libera, Paris, GF-Flammarion, 1998, p. 151 ; voir aussi le Plotin arabe de la *Théologie d'Aristote (Uṯūlūğiyā Arisṭāṭālīs)*, éd. Badawī (*Plotinus apud arabes*), p. 62, 6-7 (« l'Agent premier est l'Agent de l'Intellect qui est pérenne – non de notre intellect – car il n'est pas un "intellect acquis" (*mustafād*) et il n'est pas acquis (*muktasab*) » ; *cf.* Plotin, *Ennéades* V, 8 <31>, 3, 9-10) ; p. 109, 6-7 : l'âme intellectuelle est l'âme « arrivée dans l'intellect », et dans cet état, « son être-intellect ne se produira que par l'activité discursive, car c'est un intellect acquis (*mustafād*) » (*cf.* Plotin, *Ennéades* V, 1 <10>, 3, 12-13) ; *cf.* al-Kindī, *Lettre sur l'intellect*, trad. Jolivet, p. 3-5 (ar., p. 159, 8 *sq.*) ; al-Fārābī, *Épître sur l'intellect*, éd. Bouyges, p. 20 ; 22-27 ; 31 (trad. Vallat, p. 31 ; 36 ; 37 ; 39-43 ; 50 ; Hamzah, p. 77 ; 80-85 ; 88) ; *Idées des habitants de la cité vertueuse*, trad. Karam, Chlala, Jaussen, chap. 27, p. 91 (ar., p. 107, 20 *sq.* ; éd. Walzer, p. 243 ; éd. Cherni, p. 232-233 *sq.*) ; *Livre du régime politique* (*Kitāb al-siyāsa al-madaniyya*), éd. Najjar, p. 32 ; 35 ; 42 ; 79-80 (trad. Vallat, p. 6-8 ; 20-21 ; 42 ; 156-157 ; éd. Cherni, p. 36 ; 46 ; 62 ; 158-163) ; *La philosophie d'Aristote*, éd. Mahdi, p. 128 *sq.*, § 19 (trad. Mahdi, p. 127 *sq.*, § 19). Pour Avicenne lui-même, voir notamment son *Livre de l'âme* (*Kitāb al-nafs*) du *Šifā'*, éd. Rahman, p. 50 (Van Riet, p. 98, 66-68) ; *Livre des définitions*, § 3, 23, p. 18 (fr.) ; 13 (ar.) ; *Livre de la genèse et du retour* (*Kitāb al-mabda' wa-l-ma'ād*), III, 5, éd. Nûrânî, p. 99, 17 *sq*. (trad. Y. [J.] Michot, p. 68) ; *Livre des Directives et des remarques* (*Kitāb al-'išārāt wa l-tanbīhāt*), trad. Goichon p. 326; p. 443-444. Chez Avicenne, l'intellect « acquis » désigne proprement l'intellect pensant en acte : c'est l'intellect qui saisit actuellement les formes intelligibles, avec la conscience de le faire. Cette position repose volontairement sur une double exclusion. Premièrement, l'intellect acquis *n'est pas*, comme chez al-Fārābī, *l'état dernier de notre intellect*, après abstraction de tout l'intelligible du monde, et une fois parvenu au rang de l'intellect agent, au plus proche de lui : l'intellect acquis, si l'on peut dire, désigne ici l'intellect de la pensée *courante*, l'état de l'intellect en chacune de ses intellections effectives dès lors qu'il reçoit, en le sachant, quelque forme universelle en acte. Deuxièmement, s'il est vrai qu'il n'y a de pensée que dans une forme de « jonction » (*ittiṣāl*) à l'intellect agent, cette jonction n'est aucunement *une identification* à cet intellect, qui en ferait dès lors quelque chose d'acquis par notre âme (et Avicenne, cette fois, s'oppose à « Porphyre » – voir *Livre des directives et des remarques* (*Kitāb al-'išārāt wa l-tanbīhāt*), trad. Goichon p. 447 *sq*. – comme à Alexandre). *L'intellect acquis*, autrement dit, *n'est pas l'intellect agent*, que nous acquerrions en nous unissant à lui, qui deviendrait notre forme. Penser ne consiste pas à s'unir à l'intellect agent, et, ce faisant, à l'acquérir en étant informé par lui, mais à se joindre à lui en quelque façon, sans qu'il y ait union, de sorte que de cette jonction résulte dans l'intellect humain l'impression de certaines formes intelligibles. L'intellect acquis, par conséquent, ne désigne pas l'intellect agent uni à nous et forme pour nous, mais l'état de notre intellect en tant qu'il reçoit de l'intellect agent auquel il est joint telles ou telles formes universelles (si l'on souscrit à la thèse de l'émanation des formes). Ce sont les formes, ainsi, qui sont acquises, et cela par impression, et non pas l'intellect agent, source de ces formes. L'intellect acquis, pour le dire autrement, c'est l'état de l'intellect quand il pense, chaque fois qu'il pense consciemment des formes reçues du dehors, c'est-à-dire acquises de l'intellect agent auquel il s'est couplé. Notons que dans ses *Gloses marginales sur le* De anima *d'Aristote*

(*Al-taʿlīqāt ʿalā ḥawāšī Kitāb al-nafs li-Arisṭāṭālīs*, *in* ʿA. Badawī (éd.), *Arisṭū ʿinda l-ʿarab*, al-Qāhira [Le Caire], Maktabat al-nahḍa al-miṣriyya, 1947, p. 92), Avicenne connaît parfaitement la doctrine de l'intellect acquis servant à désigner l'intellect agent comme forme pour nous (non pas seulement à la fin, mais en chaque acte d'intellection) : « ils disent également que cette chose qui est l'intellect agent ne fait passer nos âmes de la puissance à l'acte dans l'intellect qu'en s'unissant (*yattaḥidu*) lui-même avec nos âmes, devenant une forme pour elles et devenant pour nous un intellect acquis (*mustafād*) ». Il sait donc ce qu'il fait, d'un point de vue théorique, lorsqu'il parle de l'intellect acquis comme du simple état d'actualité de toute intellection (et non pas de l'état terminal de l'intellect humain parfait) – ce qui se retrouvera chez Averroès, lequel peut également parler de l'acquisition en un sens « faible » ; cf. *Commentarium magnum in Aristotelis De anima Libros*, éd. Crawford, p. 411, 703 *sq.* ; *L'intelligence et la pensée*, p. 80.

17. « Existentiateur » traduit *mūǧid* ; *cf.* A.-M. Goichon, *Lexique*, n° 755. D. Gimaret utilise le terme dans ses *Théories de l'acte humain en théologie musulmane*, Paris-Leuven, Vrin-Peeters, 1980, p. XII.

18. Par correspondance avec les traductions *supra*, on aurait pu écrire : « est actualisé ». Sur cet existentiateur, que la tradition assimile à l'intellect « agent », ou à Dieu (certains considérant que les deux se confondent, voir *infra* § 30), voir notamment Alexandre d'Aphrodise, *De l'âme*, 88, 16 *sq.* (trad. Bergeron et Dufour, p. 209 *sq.*) ; *Sur l'intellect*, 107, 29 *sq.* ; 110, 4 *sq.* ; 111, 27 *sq.* (trad. Dufour, p. 19 *sq.* ; p. 23 *sq.* ; p. 25 *sq.* ; Moraux, p. 186-187 ; 189 *sq.* ; 191 *sq.* ; éd. Badawī, p. 21 *sq.* ; p. 37, 15 *sq.* ; p. 39, 6 *sq.*) ; Thémistius, *Paraphrase* du traité *De l'âme*, 98, 12 *sq.* (éd. Lyons, p. 69, 4 *sq.*) ; al-Fārābī, *Épître sur l'intellect*, éd. Bouyges, p. 24, 5 *sq.* (trad. Vallat, p. 41 *sq.* ; Hamzah, p. 83 *sq.*) ; *Idées des habitants de la cité vertueuse*, trad. Karam, Chlala, Jaussen, chap. 22, p. 73 *sq.* (pour l'ar., p. 90 *sq.* ; éd. Cherni, p. 182 *sq.* ; éd. Walzer, p. 199 *sq.*) ; *Livre du régime politique* (*Kitāb al-siyāsa al-madaniyya*), éd. Najjar, p. 32 ; 34 *sq.* ; 71-72 (trad. Vallat, p. 6-9 ; 18 *sq.* ; 132 *sq.* ;

éd. Cherni, p. 36; 44; 140 *sq.*); *La philosophie d'Aristote*, éd. Mahdi, p. 127, § 18; 128 *sq.*, § 19 (trad. Mahdi, p. 126, § 18; 127 *sq.*, § 19). Sur l'intellect agent chez Avicenne, voir entre autres, *Le livre de science* (*Dāneš Nāmeh*), II, p. 78-81; *Livre du salut* (*Kitāb al-Naǧāt*), éd. Fakhry, p. 231 (trad. Rahman, p. 68); *Livre de l'âme* (*Kitāb al-nafs*) du *Šifā'*, V, 5, éd. Rahman, p. 234 *sq.* (éd. Van Riet, p. 126 *sq.*); *Livre des directives et des remarques* (*Kitāb al-'išārāt wa l-tanbīhāt*), trad. Goichon p. 328 *sq.* Sur l'intellect agent comme *dator formarum* chez Avicenne, son sens et ses sources, voir notamment H. A. Davidson, *Alfarabi, Avicenna and Averroes on Intellect*, p. 74 *sq.*; J. Janssens, « The Notions of *wāḥib al-ṣuwar* (Giver of forms) and *wāḥib al-ʿaql* (Bestower of intelligence) in Ibn Sīnā », *in* M. C. Pacheco et J. F. Meirinhos (éd.), *Intellect et imagination dans la Philosophie médiévale*, Turnhout, Brepols, 2006, vol. I, p. 551-562; C. D'Ancona, « Aux origines du *Dator formarum*. Plotin, *L'Épître sur la science divine* et al-Fārābī », *in* E. Coda et C. Martini Bonadeo (éd.), *De l'Antiquité tardive au Moyen Âge. Etudes de logique aristotélicienne et de philosophie grecque, syriaque, arabe et latine offertes à Henri Hugonnard-Roche*, Paris, Vrin, 2014, p. 381-413.

19. Ici sont confondus « l'intellect universel » (*al-ʿaql al-kullī*), « l'âme universelle » (*al-nafs al-kullī*), ou « l'âme du monde » (*nafs al-ʿālam*). « Intellect universel » revient au § suivant (qui parle de « l'intellect *agent* universel », *al-ʿaql al-faʿʿāl al-kullī*), puis, tel quel, aux § 14, 29 et 30 (où il est clairement distingué de Dieu). *Cf.* le *Livre des définitions* (§ 4, p. 20-23), où Avicenne distingue « intellect universel » (*al-ʿaql al-kullī*), « intellect du tout » (*ʿaql al-kull*), « âme universelle » (*al-nafs al-kullī*) et « âme du tout » (*nafs al-kull*); *cf.* son *Livre de la genèse et du retour* (*Kitāb al-mabda' wa-l-maʿād*), I, 52, trad. Michot, p. 53 (éd. Nûrânî, p. 74). L'expression *ʿaql kullī* se lit dans le texte arabe des *Parva naturalia*; voir R. Hansberger, *The Transmission of Aristotle's* Parva Naturalia *in Arabic*, p. 48; 145 (pour l'arabe, voir f. 41r *sq.*). Rappelons qu'on distingue chez Plotin entre trois niveaux de réalités (la distinction entre les deux premiers niveaux n'étant pas toujours nette) : l'Âme totale ou universelle (*hólē* ou *pâsa*

psuché), l'Âme du tout (*psuchè toû hólou* ou *psuchè toû pantòs*) et les âmes individuelles. L'Âme totale (ou Âme-hypostase) désigne l'unité originelle de toutes les âmes qui précède leur différenciation et leur individualisation dans le sensible, elle est indépendante de tout rapport au corps. L'Âme du tout, ou de l'univers, a en charge le gouvernement de la totalité du corps du monde, elle régit le cosmos. Enfin, la troisième forme d'âmes est constituée des âmes des vivants individuels, lesquelles agissent sur un corps particulier. Par ailleurs, sur la question de l'Intellect total par contraste avec les intellects particuliers, voir Plotin, *Ennéades* V, 9 <5>, 6, 9-1 ; VI, 7 <38>, 17-43, etc.

20. Cet « intellect agent universel », on le redit, semble être assimilé à l'« intellect universel » du paragraphe précédent.

21. Cf. *infra*, le § 6, p. 90, où il est question des *ārā' al-musallama al-'āmmiyya* ; *cf.* Avicenne, *On the Rational Soul (Risālat fī l-kalām 'alā l-nafs al-nāṭiqa)*, trad. D. Gutas, *Avicenna and the Aristotelian Tradition*, p. 69. La *Risālat fī l-kalām 'alā l-nafs al-nāṭiqa* étant sans doute la dernière œuvre d'Avicenne, M. Marmura faisait valoir cette correspondance de formulation pour suggérer que l'*Épître sur les prophéties* était non seulement authentique, mais elle-même tardive (*cf.* p. IX de l'introduction à son édition de l'arabe).

22. Sur cette formule, *badā'ih al-'uqūl*, voir la note 4 de D. Gutas dans sa traduction de *On the Rational Soul (Risālat fī l-kalām 'alā l-nafs al-nāṭiqa)*, in *Avicenna and the Aristotelian Tradition*, p. 69 (si *l'Épître sur les prophéties* était authentique, Marmura pourrait avoir d'autant plus raison contre D. Gutas, quand il suggère de lire dans un passage d'*On the Rational Soul* : *badā'ih al-'uqūl* plutôt que *bidāyat al-'uqūl*; voir M. Marmura, « Plotting the Course of Avicenna's Thought », *Journal of the American Oriental Society*, 111 (1991), p. 333-342, ici p. 340a. Pour sa part, M. Sebti traduit « et leurs principes sont les intellects » dans son article « Réceptivité et spéculation dans la noétique d'Avicenne », *in* M. Sebti, D. de Smet, G. de Callataÿ (éd.), *Miroir et savoir*, p. 145-172, ici p. 167). *Cf.* Avicenne, *Livre des directives et des remarques* (*Kitāb al-'išārāt wa l-tanbīhāt*), trad. Goichon

p. 324 : parmi les facultés de l'âme rationnelle, « il y a ce qui lui appartient en fonction de son besoin de régir le corps, et c'est la faculté à laquelle est attribué particulièrement le nom d'intelligence pratique. C'est celle qui, parmi les choses humaines particulières qui doivent être faites pour arriver aux fins choisies, découvre les prémisses indispensables, premiers principes, idées répandues, fruits de l'expérience, ceci avec le secours de l'intelligence spéculative, qui fournit l'opinion universelle par laquelle on passe à l'opinion particulière. » *Cf.* A.-M. Goichon, *Lexique*, n° 268 (« ḏā'iʿāt ») : « quant aux idées répandues, ce sont des prémisses et des opinions connues (*ārā' mašhūrat*), loués, auxquelles l'assentiment doit être donné soit sur le témoignage de tous, comme à ceci que la justice est belle…soit sur le témoignage des savants… (*Naj.*, 98) ».

23. Sur les intelligibles seconds, voir notamment D. Hasse, *Avicenna's* De anima, p. 180-182.

24. On traduit ici *wahm* par *estimative* (comme aux § 38, 40 et 43 ; au § 41, *al-quwwa al-wahmiyya* est rendu par *la puissance estimative*), et *fikra* par *cogitative* (comme aux § 38 et 40 ; aux § 24 et 27, *al-quwwa al-fikriyya* est rendu par *la puissance cogitative*, et au § 26, *al-fikriyya*, par *la <puissance> cogitative*). Voir A.-M. Goichon, *Lexique*, n° 522, et Avicenne, *Livre des directives et des remarques* (*Kitāb al-'išārāt wa l-tanbīhāt*), trad. Goichon p. 327, où la *fikra* est distinguée de l'intuition (*ḥads*) : « la réflexion est un certain mouvement de l'âme parmi les idées, demandant secours, dans la plupart des cas, à l'imagination. Elle cherche par là le moyen terme, ou ce qui en tient lieu, faisant parvenir à une connaissance de ce que l'on ignore ; en cas d'absence, elle interroge ce qui est emmagasiné intérieurement, ou ce qui se comporte de même. Quelquefois la réflexion arrive à ce qu'elle cherche, d'autres fois elle s'arrête court. » Sur le *fikr* (et le *wahm*) chez Avicenne, voir notamment D. Black, « Estimation in Avicenna : The Logical and Psychological Dimensions », *Dialogue*, 32 (1993), p. 219-58 ; Ead. « Estimation and Imagination : Western Divergences from an Arabic Paradigm », *Topoi*, 19 (2000), p. 59-75 ; Ead. « Rational Imagination : Avicenna on the Cogitative Power », *in* L. X. Lopez-

Farjeat, J. A. Tellkamp (eds.), *Philosophical Psychology in Arabic Thought and the Latin Aristotelianism of the 13th Century*, Paris, Vrin, 2013, p. 59-81 ; D. Gutas, « Intuition and Thinking », p. 1-38 ; H. A. Davidson, *Alfarabi, Avicenna and Averroes on Intellect*, p. 95-102.

25. Le texte a le masculin : *la-hu* (auquel fait écho le *fī-hi*, « en lui », dans la suite de la phrase), et non le féminin *la-hā*, qu'on attendrait s'il était question de l'âme rationnelle (*al-nafs al-nāṭiqa*) ; il s'agit donc de l'homme, qui possède l'âme rationnelle, plutôt que de cette âme elle-même (c'est ainsi qu'O. Lizzini, à raison, traduit : « la ricezione senza mediazione non appartiene <all'uomo> per essenza ») ; notre traduction laisse une ambiguïté, mais le sens général n'est pas affecté.

26. Ou par l'homme.

27. Sur cette notion d'intellect angélique, voir les notes 18 et 19 d'O. Lizzini dans sa propre traduction du texte (*Angeli*, p. 1899-1901), qui fait clairement état des diverses lectures qu'en ont données les interprètes.

28. L'ajout paraît nécessaire, puisque la plupart des hommes reçoit au moins les intelligibles premiers sans intermédiaire. Ce n'est donc pas le simple fait de recevoir sans intermédiaire qui constitue la puissance extrême de la réception, mais celui, précisément, de *tout* recevoir sur ce mode – ce qui, cette fois, ne vaut que pour les prophètes.

29. *Cf.* entre autres Avicenne, *Livre de la genèse et du retour* (*Kitāb al-mabda' wa-l-ma'ād*), III, 16, trad. Michot, p. 77 (éd. Nûrânî, p. 116) : « il y a des âmes qui ont de multiples intuitions et d'autres qui en ont peu. Le défaut d'intuition aboutit à l'absence d'intuition. Ainsi se peut-il qu'un homme n'ait aucun moyen de rien intuitionner ou de rien apprendre mais qu'il soit, au contraire, de ceux auxquels il n'est pas possible de rien apprendre du fait de la faiblesse de la puissance de leur entendement. De même, du côté du surplus, il est possible qu'il y ait quelqu'un qui intuitionne vraiment la plupart des choses ou leur totalité, du fait de la puissance de son âme, parce que la puissance de l'entendement

n'a pas une limite au-delà de laquelle on ne puisse imaginer une autre, plus englobante. À moins, bien-sûr, que cet homme intuitionne tout intelligible, ce qui constituerait la fin extrême de l'intuition. L'intuition peut aussi se faire en un temps et en une réflexion plus longs ou en un temps et en une réflexion plus courts. Ainsi est-il possible qu'il y ait pour l'intuition courte une limite ou quelque chose de proche d'une limite; de même pour l'intuition longue. » *Cf.* Avicenne, *Livre des directives et des remarques* (*Kitāb al-'išārāt wa l-tanbīhāt*), trad. Goichon, p. 327-328; *Livre de l'âme* (*Kitāb al-nafs*) du *Šifā'*, V, 6, éd. Rahman, p. 248 *sq.* (éd. Van Riet, p. 151 *sq.*).

30. Comme cela vient d'être montré.

31. Comme le fait O. Lizzini, nous ajoutons le passage entre crochets (dans l'arabe) selon l'édition de *Tis' rasā'il*, le Caire, 1908, p. 123, 4 *sq.* (*cf.* éd. Costantinopoli, 1298, p. 84). M. Marmura, lui-même, traduit : « We have also seen that some things receive at one time directly and at other times indirectly. Moreover, we have found that there are things that cannot receive emanations from the <Active> Intellect without mediation, while there are other things that receive all the intellectual emanations without mediation ».

32. M. Marmura, qui lit : *fī al-asbāb*, traduit : « the degrees of excellence among the causes run along the lines I say ». Mais *cf.* déjà la traduction d'O. Lizzini, *Angeli*, p. 1902.

33. « Êtres » traduit ici *al-anniyyāt*.

34. Le texte est incertain. M. Marmura, comme s'il suivait la leçon *ṣuwār ḏātiyya*, traduit : « the self-subsisting are either immaterial, essential forms or... ».

35. C'est-à-dire : en possédant un *habitus*.

36. En arabe, les trois mots *fāḍil*, *mafḍūl* et *faḍala* sont de même racine *f ḍ l* : faute de mieux, on les traduit respectivement par « excellent », « ce qu'il surpasse » et « surpasser ». Sur la domination du prophète, *cf.* la fin de la *Métaphysique* (*Kitāb al-Ilāhiyyāt*) du *Šifā'*, X, 5, p. 435 (trad. Anawati, p. 189; éd. Van Riet, p. 552-553).

37. *Cf.* Avicenne, *Livre de science* (*Dāneš Nāmeh*), II, trad. Achena et Massé, p. 89 : « l'âme sainte est l'âme raisonnable des sublimes prophètes qui connaît les intelligibles, sans professeur ni livres, par intuition intellectuelle et par son union au monde des anges; qui, par vision et en état de veille, s'élève jusqu'à l'univers invisible et y reçoit révélation. La révélation est l'union qui s'établit entre les anges et l'âme humaine pour qu'ils l'informent des divers états <des choses>. » Sur la révélation, *cf.* al-Fārābī, *Livre du régime politique*, éd. Najjar, p. 79, 17 *sq.* (trad. Vallat, p. 157; éd. Cherni, p. 160 *sq.*).

38. Même formule au § 8.

39. La phrase, cruciale, est délicate à traduire. O. Lizzini propose : « la Rivelazione poi è questo <stesso> flusso, mentre l'angelo è questa potenza ricevuta e che fluisce come se essa fosse su di esso un flusso congiunto al flusso dell'intelletto universale e che a partire da questo viene a particolarizzarsi non per essenza ma per accidente »; Marmura : « Revelation is the emanation and the angel is the received emanating power that descends on the prophets as if it were an emanation continuous with the universal intellect… »; et Rahman (qui se base sur le texte des *Tis‘ rasā'il*) : « Revelation is this emanation (from the Universal Intellect into the prophet's soul) and the Angel is this (extra) faculty or power received (by the prophet as a part of his nature) and emanation (from the Active Intelligence) as if it emanates into the prophet being continuous with the Universal Intelligence… ». Sur la définition de l'ange, *cf.* Avicenne, *Livre des définitions*, § 17, trad. Goichon, p. 38 (ar. p. 26) : « c'est une substance simple, douée de vie et de langage, intellectuelle, immortelle. Il est un intermédiaire entre le Créateur et les corps terrestres. Parmi les anges, les uns sont une intelligence, d'autres une âme, d'autres un corps. » *Cf.* Id., *On the Rational Soul (Risālat fī l-kalām ‘alā l-nafs al-nāṭiqa)*, trad. D. Gutas, *Avicenna and the Aristotelian Tradition*, p. 73. Par ailleurs, voir A.-M. Goichon, *Lexique*, n° 674, et *cf.* O. Lizzini in *Angeli*, p. 1881 et 1845-1874.

40. Pour éviter l'équivoque que comporte le terme d'opinion. O. Lizzini traduit à raison : « in virtù delle cose di cui ha avuto

visione (*ārā'*) ». Notons qu'on lit dans l'un des manuscrits : *bi-adābihi* : « par ses lois de conduite ».

41. Le révélant, *i.e.* le prophète, si l'on garde cette graphie ; si l'on ôte les points suscrits, il s'agira du révélé. O. Lizzini traduit : « colui cui è trasmessa la rivelazione », et Marmura : « the thing revealed ».

42. Sur la méthode symbolique chez Avicenne, voir D. Gutas, *Avicenna and the Aristotelian Tradition*, chap. 8. 2.

43. Ce n'est pas une citation des *Lois* ; *cf.* M. Marmura, *On the Proof of Prophecies*, p. 121, n. 3.

44. *Cf.* al-Fārābī, *Le Compendium des* Lois *de Platon* : « notre dessein, dans cette préface, est ainsi de dire que le Sage Platon s'était interdit de faire voir les sciences et de les dévoiler à tout le monde, et qu'il avait adopté la voie de l'énigme, des devinettes, du camouflage et de la difficulté, de peur que la science ne tombât entre les mains de qui n'en est pas digne, et ne s'en trouvât dégradée, ou bien entre les mains de qui n'en connaît pas le prix ou de qui l'emploie mal à propos, ce qui n'est pas correct » (*Philosopher à Bagdad au Xe siècle*, Paris, Seuil, 2007, trad. S. Diebler, p. 139).

45. Littéralement : des abîmes.

46. *Cf.* la traduction d'O. Lizzini p. 1906 et n. 33 ; et *cf.* al-Fārābī, *L'harmonie entre les opinions de Platon et d'Aristote*, éd. et trad. F. M. Najjar et D. Mallet, Institut français de Damas, 1999, § 15, p. 74 : « <Aristote> dit très clairement dans cette épître à Platon : "en vérité, si j'ai consigné par écrit ces sciences et la sagesse qu'elles renferment, je les ai disposées selon un ordre tel que n'y accèdent que les spécialistes et les ai exprimées de telle manière que seuls leurs adeptes en prennent connaissance" » (*cf.* les notes de C. Martini Bonadeo à sa traduction, *L'armonia delle opinioni dei due sapienti, il divino Platone e Aristotele*, Pisa, Plus, 2008, p. 115-117 ; l'attribution du texte est contestée : voir M. Rashed, « On the Authorship of the Treatise *On the Harmonization of the opinions of the two Sages* Attributed to Al-Fārābī », *Arabic Sciences and Philosophy*, 19 (2009), p. 43-82) ; sur la source grecque de cette parole attribuée à Aristote, voir

Ph. Vallat, *Farabi et l'Ecole d'Alexandrie. Des prémisses de la connaissance à la philosophie politique*, Paris, Vrin, 2004, p. 48-49. Sur la justification de l'usage des symboles dans le discours politique, *cf.* aussi al-Fārābī, *Kitāb al-Alfāẓ al-mustaʿmala fī al-manṭiq*, éd. M. Mahdī, Beyrouth, 1968, p. 92, 3-6.

47. C'est-à-dire s'il ne s'était pas exprimé de façon symbolique, en se gardant d'énoncer telles quelles, dans leur complexité spéculative, les vérités du monde, et s'il avait mis dans sa parole toutes les abîmes théoriques.

48. Notre traduction retrouve l'autre leçon que signale M. Marmura : *kaḏālika fa-kayfa*.

49. Puisque c'est la majorité des humains qui n'est pas capable de saisir la vérité dans sa forme pure, strictement rationnelle. *Cf.* ce qu'écrira Averroès dans son *Discours décisif* : « étant donné que tous les hommes ne sont pas disposés par leur nature à appréhender des démonstrations – ni même des arguments dialectiques, alors *a fortiori* des arguments démonstratifs ! <…> ; et que la finalité de la Révélation n'est autre que d'enseigner *tous* les hommes, il fallait nécessairement que le Texte révélé comprît *tous* les types de méthodes de production de l'assentiment et de la représentation. De plus, étant donné que parmi ces méthodes de production de l'assentiment, il en est qui sont communes à la majorité des hommes en tant que l'assentiment de ceux-ci se produit par elles : les méthodes rhétorique et dialectique <…> ; et étant donné que la finalité première de la Révélation est de se soucier du plus grand nombre <…>, les arguments explicitement mis en œuvre par le Texte révélé relèvent dans leur majorité des méthodes de production de la représentation et de l'assentiment communes au plus grand nombre » (Averroès, *Le livre du discours décisif*, § 51-52, trad. M. Geoffroy, Paris, GF-Flammarion, 1996, p. 151-153).

50. Trad. Masson (légèrement modifiée) ; *cf.* trad. Blachère : « Allah est la Lumière des cieux et de la terre. Sa Lumière est à la ressemblance d'une niche où se trouve une lampe ; la lampe est dans un <récipient de> verre ; celui-ci semblerait un astre étincelant ; elle est allumée grâce à un arbre béni, <grâce à> un olivier ni

oriental ni occidental, dont l'huile <est si limpide qu'elle> éclairerait même si nul feu ne la touchait. Lumière sur Lumière. Allah, vers Sa Lumière, dirige qui Il veut. Allah propose des paraboles aux Hommes. Allah, de toute chose, est omniscient » (Cor. XXIV, 35). Avicenne en parle ailleurs; voir notamment son *Livre des directives et des remarques* (*Kitāb al-'išārāt wa l-tanbīhāt*), trad. A.-M. Goichon, p. 324 *sq.* (*cf.* trad. anglaise dans D. Gutas, *Avicenna and the Aristotelian Tradition*, p. 185-186) : « parmi les facultés de l'âme, il y a aussi ce qu'elle possède pour autant qu'elle a besoin de parachever sa substance en <la rendant> intelligence en acte. La première est une faculté qui la prépare à se tourner vers les intelligibles, certains l'appellent intelligence matérielle et elle est la niche. Celle-ci est suivie par une autre faculté qui vient à l'âme lors de la mise en acte en elle des premiers intelligibles. Par cette nouvelle faculté, <l'âme> se dispose à acquérir les seconds; soit par la réflexion, qui est l'olivier, si elle demeure faible, soit par l'intuition intellectuelle, qui est de plus l'huile, si l'intuition est plus forte que la réflexion; elle s'appelle intelligible *habitus* et elle est le verre. Et la faculté noble, mûrie, est une faculté sainte, "dont l'huile est presque allumée". Un peu plus tard, lui viennent en acte une faculté et une perfection. La perfection consiste en ce que les intelligibles lui sont donnés en acte, en une intuition qui les représente dans l'esprit, et c'est "lumière sur lumière". Et la faculté consiste en ceci qu'il lui appartient de réaliser l'intelligible acquis, porté ainsi à son achèvement, comme est l'objet de l'intuition, dès qu'elle le veut, sans avoir besoin de l'acquérir <à ce dernier instant>, et c'est la lampe. Cette perfection s'appelle intelligence acquise, et cette faculté s'appelle intelligence en acte. Ce qui la fait passer de l'*habitus* à l'acte parfait, et aussi de l'intelligence matérielle à l'*habitus*, c'est l'Intellect actif. Il est le feu. » Voir également son *Livre de la genèse et du retour* (*Kitāb al-mabda' wa-l-ma'ād*), III, 16, trad. Y. [J.] Michot, p. 77 (éd. Nûrânî, p. 116, 21 *sq.*) : « il n'est pas impensable que, parmi les individus humains, il y ait quelqu'un qui intuitionne tous les intelligibles, ou la plupart d'entre eux, dans le temps le plus court. Il passera de façon pénétrante des premiers intelligibles aux seconds, par voie de composition. <...> Voilà le plus noble et le plus honorable des prophètes, spécialement quand il joint à cette propriété le reste des propriétés prophétiques dont je vais parler. La puissance intellectuelle de cet homme est comme de l'huile et l'intellect agent, du feu. Il s'y enflamme d'un coup et la transmue en sa substance. C'est comme si cet homme était l'âme dont il a été dit que "son huile éclairerait même si nul feu ne la touchait. Lumière sur lumière." ».

51. *Cf.* Aristote, *De l'âme*, II, 7, 418b5-14. En vérité, Aristote parle de la lumière comme *acte (energeia)* du diaphane. Sur la lumière comme « perfection » (*teleiotês*; *kamāl*) du diaphane, voir Alexandre d'Aphrodise, *Mant.* 142, 8-10 (*cf.* H. Gätje, *Studien zu Überlieferung der aristotelischen Psychologie im Islam*, Heidelberg, Carl Winter, Universitätsverlag, 1971, p. 146 *sq.*); *Quaestio* 1. 2, 7, 1-4 (Alexandre utilise aussi le terme *energeia* : *De Anima* 44, 13-15; *Mant.* 142, 1-2; *In Sens.* 35, 8-9; 39, 20-21; et *entelekheia* : *In Sens.* 35, 13-15; 42, 25; *Quaestio* 1. 2, 7, 3-4; 1. 21, 35, 9-10; *Mant.* 144, 29). Sur la lumière chez Avicenne, voir notamment J. McGinnis, « New Light on Avicenna : Optics and its Role in Avicennan Theories of Vision, Cognition and Emanation », *in* L. X. López-Farjeat, J. A. Tellkamp (eds.), *Philosophical Psychology in Arabic Thought and The Latin Aristotelianism of the 13th Century*, p. 41-57; D. Hasse, *Avicenna's* De anima *in the Latin West*, p. 108-119. Sur la *teleiotês*, voir R. Wisnovsky, *Avicenna's Metaphysics in Context*, Ithaca (NY), Cornell University Press, 2003 et M. Rashed, *Alexandre d'Aphrodise, Commentaire perdu à la "Physique" d'Aristote (Livres IV-VIII). Les scholies byzantines*, Berlin, De Gruyter, 2011.

52. Pour les deux sens du bien, *cf.* Avicenne, *Métaphysique* (*Kitāb al-Ilāhiyyāt*) du *Šifā'*, VIII, 6, p. 355, 11-356, 8 (trad. Anawati, p. 94-95; éd. Van Riet, p. 412-413).

53. Dans son *Compendium sur l'âme*, un ouvrage de jeunesse, Avicenne identifie l'âme et l'intellect matériel; voir *Mabḥaṯ ʿan al-quwā al-nafsāniyya*, éd. F. al-Ahwānī, dans *Fī aḥwāl al-nafs*, Le Caire, 1952, p. 168. Plus tard, il distinguera les deux, l'intellect

(matériel) n'étant plus qu'une aptitude de l'âme rationnelle, en elle-même substance spirituelle.

54. Le texte glisse ici de l'intellect « en acte » à l'intellect « acquis ». Sur cette apparente confusion, voir les notes suivantes.

55. D. Gutas, *Avicenna and the Aristotelian Tradition*, p. 488, parle de « a non-sensical construction that Avicenna would not have used » ; selon lui, du reste, cette phrase nous éloigne de l'orthodoxie avicennienne où l'on ne saurait confondre l'intellect en acte et l'intellect acquis ; pourtant, *cf.* Avicenne, *Livre de la genèse et du retour* (*Kitāb al-mabda' wa-l-ma'ād*), III, 5 ; trad. Y. [J.] Michot, p. 68 (éd. Nûrânî, p. 99, 16 *sq.*), qui suggère une simple différence de point de vue : « quand les intelligibles qu'on peut acquérir adviennent à l'âme, en tant qu'ils lui adviennent et même s'ils ne subsistent pas en elle en acte, elle devient un intellect en acte. Elle est en effet alors capable de les intelliger quand elle le veut, sans recommencer à les chercher. Mais quand on considère leur existence en elle, en acte et subsistants, ces intelligibles sont nommés "intellect acquis", acquis de l'extérieur, c'est-à-dire de l'intellect agent, par recherche et ingénuité. On peut aussi dire de l'âme "intellect en acte" par référence à son essence, et "acquis" par référence à son agent » ; *cf.* son *Livre de science* (*Dāneš Nāmeh*), II, trad. Achena et Massé, p. 69 : « le troisième degré <de l'intelligence> consiste en ce que l'âme reçoit les intelligibles acquis : on la nomme *intelligence en acte* <intelligence active>. La forme de ces intelligibles qui se réalise dans l'âme est nommée *intelligence acquise* quand elle réside dans l'âme » ; *cf.* son *Livre de l'âme* (*Kitāb al-nafs*) du *Šifā'*, V, 6, éd. Rahman, p. 247-248 (éd. Van Riet p. 150). Pour d'autres remarques, voir la note 77 du § 30 *infra*.

56. D. Gutas pointe ici un problème doctrinal, qui interdirait l'attribution du texte à Avicenne : « it cannot be what Avicenna said either, for he never said that it is the acquired intellect that brings out the potential into actuality; that role is reserved for the active intellect or, in his early *Compendium on the Soul*, the universal intellect (*kullī*) » (*Avicenna and the Aristotelian Tradition*, p. 487). Il reconnaît certes que l'expression d'intellect « acquis »

(*mustafād*) pourrait faire écho à la formule du § 7 (même si la leçon *mustafād* que Marmura retient dans ce § 7 ne se lit qu'en un seul manuscrit, les autres ayant *fa''āl*, « agent »), mais d'un point de vue théorique, selon lui, Avicenne n'aurait jamais pu dire que l'intellect acquis *actualise* l'intellect matériel, qu'il le fait sortir à l'acte (*muḫriǧ lahu min al-quwwa ilā al-fi'l*), ce rôle, en effet, ne convenant qu'à l'intellect agent. Relevons toutefois ce passage du Plotin arabe (éd. Badawī, *Plotinus apud arabes*, p. 186, 2-3) : « il y a dans l'âme un intellect acquis (*'aql muktasab*) qui l'illumine par sa lumière et la fait devenir (*yusayyiru-hā*) intellectuelle » (*cf.* Plotin, *Enn.* V, 6 <24>, 4, 14 *sq.*; trad. L. Lavaud, p. 113 : « on doit comparer le premier principe à la lumière, celui qui vient à sa suite au soleil, et le troisième à la lune, qui reçoit la lumière du soleil. Car l'âme possède un intellect qui vient du dehors, qui la colore en surface lorsqu'elle est intellective »).

57. Tout ne vient pas du dehors; une illumination a bien lieu au-dedans. Dans un passage de son *Livre de la genèse et du retour* (*Kitāb al-mabda' wa-l-ma'ād*) montrant « comment l'âme rationnelle est cause, en nous, des autres puissances psychiques », Avicenne écrit (III, 11, trad. Michot, p. 72; éd. Nûrânî, p. 107) : « en voici une image. Quand il existe une ouverture ou une fenêtre dans une maison, il est de la nature d'un feu extérieur d'éclairer et de réchauffer son atmosphère. S'il arrivait que cette maison soit d'une disposition telle qu'une lampe y flamboierait ou que sa substance émettrait du feu, la lumière et la chaleur s'y trouveraient à ce moment-là de l'extérieur et de l'intérieur à la fois. »

58. Rappelons cette phrase citée plus haut, extraite du *Livre des directives et des remarques* (*Kitāb al-'išārāt wa l-tanbīhāt*), trad. A.-M. Goichon, p. 325 : « par cette nouvelle faculté, <outre l'intellect matériel>, <l'âme> se dispose à acquérir les <intelligibles> seconds; <...> elle s'appelle intelligence *habitus* et elle est le verre ». Goichon note : « elle est comparée au verre parce qu'il est en lui-même transparent, recevant très parfaitement la lumière. »

59. M. Marmura signale une autre leçon, qui donne « sujet » (*mawḍūʿ*). Lecture envisageable, s'il est vrai que, comme chez Alexandre d'Aphrodise, Thémistius (*Paraphrase* du traité *De l'âme*, 100, 26 *sq.* éd. Lyons, p. 182, 13-183, 1) ou al-Fārābī (*Épître sur l'intellect*, éd. Bouyges, p. 22, 3 *sq.*; trad. Vallat, p. 39; Hamzah, p. 81), toute perfection de niveau inférieur est comme un sujet pour la perfection de niveau supérieur. Du reste, il est bien dit du verre à la fin du paragraphe qu'il fait partie des choses diaphanes « réceptrices » de – et donc sujettes à – la lumière; enfin, l'intellect matériel étant lui-même un sujet, il serait sensé de parler d'un *autre* sujet. On peut noter qu'Averroès reprendra cet étagement sujet/forme (ou quasi-sujet/quasi-forme) de l'intellect matériel à l'intellect acquis, cf. *L'intelligence et la pensée*, p. 164 et 166; éd. Crawford, III, c. 36, p. 497, 509 *sq.* et p. 499, 567 *sq.*

60. Plus haut, au § 20, l'intellect matériel était comparé à la niche. Mais la différence est mineure, puisqu'on voyait dans la niche le meilleur diaphane, récepteur de la lumière.

61. C'est-à-dire ce dans quoi se trouvent l'huile et la mèche (*sirāǧ*).

62. Pour alléger la phrase, nous simplifions la traduction; plus littéralement, cela donnerait : « et c'est ce qui, dans la vision, ne relie la lampe au diaphane qu'en vertu d'un intermédiaire, à savoir la cuve à huile. »

63. *L'olivier*, dans la trad. de Masson.

64. Il faut en vérité distinguer l'olivier (symbole de la cogitation) et son huile directement susceptible de s'enflammer (symbole de l'intuition); *cf.* la note du § 27. Si la distinction n'est pas si nette dans ce texte, cela tient peut-être au fait qu'il correspond à une première étape de la pensée d'Avicenne (si l'épître devait être de lui), où il n'a pas encore bâti sa doctrine de l'intuition (*cf.* J. Janssens, « Avicenna and the Qur'ān… », p. 183 *sq.*; on y revient plus bas). Sur l'évolution de la pensée d'Avicenne concernant l'intuition, voir D. Gutas, *Avicenna and the Aristotelian Tradition*, p. 179-201.

65. Le français ne peut suivre l'arabe, qui joue sur la racine que partagent le verbe *šaraqa* (qu'on traduit par « apparaître » et qui, pour le soleil, signifie « briller », « se lever ») et le nom *šarq*, qu'on traduit par le mot d'origine latine « Orient ».

66. Nous traduisons ainsi *maʿādinahā* (*cf.* Lane, p. 1977 : « a place of fixedness of anything » et aussi « origin, source »). O. Lizzini traduit : « accostandolo agli strumenti e alle fonti della luce » ; Marmura : « light was conjoined with the apparatus and materials that produce it ».

67. Suivant une autre leçon que celle de l'édition Marmura, selon nous redondante, nous supprimons ici : « wa-yumaṯṯilu bi-l-ġarb » (« elle est comparée à l'Occident »). Marmura lui-même semble ne pas en tenir compte quand il traduit : « Nor is it one of the animal powers where light is utterly lost. This is the meaning *of nor from the west.* » O. Lizzini, en revanche, traduit : « ma neppure è una di quelle potenze bestiali e animali – rappresentata dall'occidente in senso assoluto – nelle quali, in assoluto, la luce scompare ; e questo è quel che intende <dire>, precisando "né occidentale" ».

68. Sur la cogitative chez Avicenne, voir D. Black, « Rational Imagination : Avicenna on the Cogitative Power », *in* L. X. Lopez-Farjeat, J. A. Tellkamp (eds.), *Philosophical Psychology in Arabic Thought and the Latin Aristotelianism of the 13th Century*, p. 59-81. Plus largement, sur les cinq sens internes (sens commun/fantaisie, imagination (*ḫayāl* ou *al-quwwa al-muṣawwira*), imaginative (*taḫayyul, al-quwwa al-mutaḫayyila*)/cogitative (*fikr*, *al-quwwa al-mufakkira*), estimative (*wahm, al-quwwa al-wahmiyya*), mémoire), voir notamment Avicenne, *Kitāb al-nafs* (*Livre de l'âme*) du *Shifā'*, I, 5 ; II, 2 ; III, 8 ; IV, 1-3 ; *Livre de la genèse et du retour* (*Kitāb al-mabda' wa-l-maʿād*), III, 3 ; trad. Y. Michot, p. 65-66 (éd. Nûrânî, p. 93-94) : « La première est la puissance de la fantaisie, on la nomme "le sens commun". C'est celle à laquelle les sens amènent ce qu'ils ont senti. <…>. Vient ensuite la puissance imaginatrice (*ḫayāliyya*). C'est celle qui retient ce que les sens ont amené comme formes sensibles. La différence entre elle et la première puissance, c'est que la première est une puissance

réceptrice tandis que l'imagination est une puissance rétentrice. <…>. Une autre puissance suit la puissance imaginatrice. Lorsqu'elle se trouve dans les hommes et que l'intellect l'utilise, cette puissance est nommée "puissance cogitative" (*mufakkira*). Lorsqu'elle se trouve dans les animaux ou dans les hommes et que l'estimative l'utilise, elle est nommée "puissance imaginative" (*mutaḫayyila*). La différence entre elle et l'imagination, c'est qu'il n'y a dans l'imagination que des choses prises des sens tandis que l'imaginative peut composer, disjoindre et faire advenir comme formes des choses qui n'ont jamais été senties et ne le sont absolument pas : un homme volant par exemple et un individu dont la moitié serait un homme et l'autre un arbre. La puissance de l'estimative suit ces puissances. C'est elle qui saisit, dans les sensibles, des intentions non sensibles. La preuve qu'il y a dans l'animal une pareille puissance, c'est que l'agneau, lorsqu'il voit le loup, s'effraie et s'enfuit. <…> Mais quand il voit la chèvre qui l'a fait naître, il soupire après elle. <…> Ainsi l'animal distingue-t-il son compagnon, celui qui lui fait du bien, et il veut le suivre. Il saisit aussi l'adversité de celui qui lui fait du mal parmi les hommes, il le fuit et lui veut du mal. Or il est impossible que les sens saisissent ce qui n'est pas sensible, les sens ou l'imagination. Il reste donc que, dans l'animal, il y a une puissance qui saisit ces intentions non sensibles qui existent dans les sensibles. Cette puissance est nommée "estimative". Une autre puissance la suit, qui est un trésor pour elle et que l'on nomme "mémoire" (*ḏikr*) et "rétention" (*ḥifẓ*). Le rapport de la mémoire et de la rétention à ce que l'estimative saisit est le rapport de l'imagination (*al-ḫayāl*) à ce que le sens saisit. L'imagination et la fantaisie sont à l'avant du cerveau, dont le principe est le cœur. L'imaginative et l'estimative sont au milieu du cerveau, dont le principe est aussi le cœur. La mémoire et la rétention sont à l'arrière du cerveau, dont le principe est encore le cœur ».

69. La puissance cogitative *parfaitement efficace*. Dans le *Livre de la genèse et du retour* (*Kitāb al-mabda' wa-l-ma'ād*), l'huile désigne « la puissance intellectuelle » du « plus noble » et du « plus honorable des prophètes » capable, intellectuellement,

d'intuitionner tous les intelligibles (ou presque) dans le temps le plus court (voir III, 16, trad. Y. [J.] Michot, p. 77 ; éd. Nûrânî, p. 117) : « Voilà le plus noble et le plus honorable des prophètes <...>. La puissance intellectuelle de cet homme est comme de l'huile et l'intellect agent, du feu. Il s'y enflamme d'un coup et la transmue en sa substance. C'est comme si cet homme était l'âme dont il a été dit que "son huile éclairerait même si nul feu ne la touchait. Lumière sur lumière" ». De même, dans le *Livre des directives et des remarques* (*Kitāb al-'išārāt wa l-tanbīhāt*), l'olivier figure le *fikr*, la cogitation (dans sa puissance brute, si l'on peut dire), tandis que l'huile, immédiatement susceptible d'être enflammée, figure le *ḥads*, l'intuition.

70. C'est-à-dire : la jonction à l'intellect agent et le flux de formes qui en procède.

71. *Cf.* Lane, *Lexicon*, p. 103.

72. Sur cet « intellect universel », *cf.* le paragraphe suivant, puis, *supra*, § 7, 8 et 14. Notons que Dieu, dans le Coran, est dit *muḥīṭ* : rien n'échappe à sa Science ou sa Puissance (voir Cor. IV, 126 ; XIL, 54, mais aussi : III, 120 ; IV, 108 ; VIII, 47 ; XI, 92).

73. C'est ce dont l'accusait déjà Thémistius, *Paraphrase* du traité *De l'âme*, 102, 36 *sq.* (éd. Lyons, p. 186, 16 *sq.*), tout comme Philopon (ou le Pseudo-Philopon), *In Aristotelis De anima Libros Commentaria*, éd. M. Hayduck, Berlin, Reimer, 1897, p. 535, 20-29 ; *cf.* Jean Philopon, *Commentaire sur le De anima d'Aristote. Traduction de Guillaume de Moerbecke*, éd. G. Verbeke, Louvain-Paris, PUL-Ed. Béatrice Nauwelaerts, 1966, p. 44, 20-23 et p. 50, 82-90 ; de même, chez les *falāsifa*, al-Fārābī distingue clairement la Cause première de l'intellect agent – il n'est qu'à lire la première page de son *Régime politique*. Alexandre, en vérité, n'écrit jamais explicitement que l'intellect agent s'identifie au dieu dont parle Aristote, mais il les caractérise de la même façon : voir notamment son traité *De l'âme*, 89, 11-19, et *Sur l'intellect*, en part. 107, 29-109, 4 (éd. Badawī, p. 33, 21 *sq.* ; trad. Dufour, p. 19 *sq.* ; Moraux, p. 186 *sq.*). Sur cette question, voir Alessandro di Afrodisia, *De intellectu*, Introduzione, testo greco rivisto, traduzione e commento di P. Accattino, Torino, Thélème, 2001, p. 42 *sq.* ; Id., *L'anima*,

traduzione, introduzione e commento a cura di P. Accattino et P. Donini, Roma-Bari, Laterza, 1996, p. 293, *ad* 89, 11-19; Id., *De l'âme*, trad. Bergeron et Dufour, p. 346 *sq.*; pour quelques analyses supplémentaires sur l'intellect agent chez Alexandre, voir P. Accattino et P. Donini, « Alessandro di Afrodisia, *De an.* 90. 23 *sq.* A proposito del *nous thurathen* », *Hermes*, 122 (1994), p. 373-375; B. C. Bazán, « L'authenticité du "De intellectu" attribué à Alexandre d'Aphrodise », *Revue philosophique de Louvain*, 71 (1973), p. 468-487; Ph. Merlan, *Monopsychism, Mysticism, Metaconsciousness. Problems of the Soul in the Neoaristotelian and Neoplatonic Tradition*, The Hague, M. Nijhoff, 1969; P. Moraux, *Alexandre d'Aphrodise, exégète de la noétique d'Aristote*, Liège-Paris, Faculté de Philosophie et Lettres-Librairie E. Droz, 1942; Id., « Le *De Anima* dans la tradition grecque. Quelques aspects de l'interprétation du traité, de Théophraste à Thémistius », *in* G.E.R. Lloyd and G.E.L. Owen (éd.), *Aristotle on Mind and the Senses*, Cambridge, CUP, 1978, p. 281-324; D. Papadis, « "L'intellect agent" selon Alexandre d'Aphrodise », *Revue de philosophie ancienne*, 9 (1991), p. 133-151; Id., *Die Seelenlehre bei Alexander von Aphrodisias*, Bern, Peter Lang, 1991 (notamment p. 361-365); F. M. Schroeder, « The Analogy of the Active Intellect to Light in the "De Anima" of Alexander of Aphrodisias », *Hermes*, 59 (1981), p. 215-225; Id., « Light and the Active Intellect in Alexander and Plotinus », *Hermes*, 112 (1984), p. 239-248. Notons enfin que certains interprètes modernes d'Aristote considèrent que l'intellect « agent », en effet, n'est rien que le dieu de sa métaphysique : voir entre autres M. Frede, « La théorie aristotélicienne de l'intellect agent », *in* G. Romeyer Dherbey (dir.), *Corps et âme. Sur le* De anima *d'Aristote. Etudes réunies par C. Viano*, Paris, Vrin, 1996, p. 377-390; V. Caston, « Aristotle's Two Intellects : A Modest Proposal », *Phronesis*, 44/3 (1999), p. 199-227, spéc. p. 211-212; J. M. Rist, « Notes on Aristotle *De anima* 3.5 », *Classical Philology*, 61 (1966), p. 8-20.

74. Si l'intellect agent contient toutes les formes universelles, il faut traduire ainsi.

75. Chez Plotin, l'expression caractéristique de l'Intellect est celle de l'un-multiple (*hen panta*) par opposition à l'âme qui est un et multiple (*hen kai panta*). Sur l'unité multiple de l'intellect par contraste avec l'unité de l'Un, voir notamment Plotin, *Enn.* IV, 8 <6>, 3, 6 *sq.* : « l'Intellect universel réside tout entier et en totalité dans le lieu de l'intellection que nous appelons monde intelligible, et <…> les puissances intellectives et les intellects particuliers compris en lui existent aussi – car il n'est pas seulement un, mais un et plusieurs… » (trad. Lavaud; *cf.* pour ce traité, Plotino, *La discesa dell'anima nei corpi* (*Enn.* IV, 8 <6>). *Plotiniana arabica* (*Pseudo-teologia di Aristotele*, capitoli 1 e 7; *Detti del Sapiente Greco*. A cura di C. D'Ancona, Il Poligrafo, Padova, 2003); *cf. Enn.* V, 3 <49>, 11, 1-4 : « c'est pourquoi cet Intellect qui est multiple, lorsqu'il veut penser ce qui est au-delà, veut le penser comme un, mais en voulant le saisir dans sa simplicité, il en arrive à appréhender toujours autre chose, qui devient multiple en lui » (trad. Fronterotta); V, 3 <49>, 15 et VI, 7 <38>, 8, 17-20 (trad. Fronterotta) : « il est évident qu'il faut que cet un qui vient après l'Un au sens absolu soit multiple faute de quoi il ne viendrait pas après l'Un mais serait l'Un ». On lit ensuite, l. 26 *sq.* : « en tant qu'Intellect il est non pas un, mais il est une totalité comprenant tous les intellects particuliers ». *Cf.*, s'agissant cette fois du rapport de l'intellect agent indivis – distinct de la Cause première – aux formes multiples données à la matière, al-Fārābī, *Épître sur l'intellect*, éd. Bouyges, p. 29, 6 *sq.* (Hamzah, p. 87; trad. Vallat, p. 47 : « ces formes sont dans l'Intellect agent sous le mode de l'indivision et sont dans la matière sous le mode de la division. Or, il n'y a rien d'absurde à ce que l'Intellect agent, alors qu'il est indivis ou que son essence consiste en des choses indivises, donne à la matière des similitudes de ce qui est dans sa substance, ce que la matière ne recevra cependant que sous le mode de la division »).

76. Plutôt que « Dieu l'Unique », pour insister sur son unité totale, qui le distingue de la forme de multiplicité affectant l'intellect universel. *Cf.* al-Fārābī, *Livre du régime politique*, éd. Najjar, p. 42 *sq.* (trad. Vallat, p. 44 *sq.*; éd. Cherni, p. 64 *sq.*). Sur le fait

qu'en Dieu, selon Avicenne, n'existe aucune multiplicité de formes, voir entre autres sa *Métaphysique* (*Kitāb al-Ilāhiyyāt*) du *Šifā'*, VIII, 7.

77. Ici s'achève l'interprétation du verset sur la lumière. D. Gutas y voit a « major incompatibility with the thought of Avicenna », ce qui serait une preuve supplémentaire que le texte n'est pas de lui. Considérons ces arguments, qui – même si l'épître devait n'être pas d'Ibn Sīnā – ne nous semblent pas convaincants. D. Gutas a d'abord cette appréciation générale : « the correspondences between the images and the faculties of the soul which are found in the *Iṯbāt an-nubuwwa* are mostly different – and almost senseless – from those given by Avicenna in the *Pointers*. The readers can make the comparison himself (and see Janssens « Qur'ān » 183-184 for further details) ». Premier problème : J. Janssens, lui, écrit dans l'article cité que « an examination of Avicenna's commentary of the very same verse in the treatise *On the Proof of Prophecies* and in the *Ishārāt* indicates that *it is very similar in both works* » (p. 183, nous soulignons). De fait, J. Janssens estime (dans cet article, du moins) que la seule différence frappante concerne la distinction nette entre le *fikr* (la cogitation) d'un côté, et le *ḥads* (l'intuition), de l'autre, que l'*Épître sur les prophéties* n'établit pas, d'où il déduit, non pas que cette épître est inauthentique, mais qu'elle pourrait être une œuvre de jeunesse (*cf. ibid*, p. 184, ce que D. Gutas conteste rapidement, p. 488-489, parce que, assure-t-il, a) l'épître ne s'accorde pas avec la première œuvre d'Avicenne, le *Compendium sur l'âme*; b) parce que sa terminologie et les notions employées sont confuses, et ne sauraient être l'œuvre d'Avicenne, même jeune; et enfin c) parce que le texte n'aurait pas été adressé à un destinataire anonyme et, qui plus est, sur ce ton « péremptoire »). Deuxièmement, D. Gutas détaille ainsi les incompatibilités : tandis que dans les *Išārāt*, « Avicenna makes the lamp (*miṣbāḥ*) correspond to the actual intellect (*bi-l-fi'l*) and the "light upon light" (*nūr 'alā nūr*) to the acquired, the *Iṯbāt an-nubuwwa* text makes the former correspond to what it calls "actual acquired intellect" (§ 21 : *al-'aql al-mustafād bi-l-fi'l*) – a non-sensical construction

that Avicenna would not have used – and the latter to the actual intellect (§ 20) ». Le texte est certes parfois confus; néanmoins ces remarques doivent être nuancées : a) le § 20 de l'épître ne compare pas la « lumière sur lumière » à l'intellect en acte. Il est écrit simplement que « l'intellect en acte est comparable à la lumière », et rien n'autorise à aller plus loin; b) aux § 21, puis 22, la lampe est assimilée, en effet, à « l'intellect acquis en acte », puis à « l'intellect acquis » (les deux formules semblant donc équivalentes). Mais deux questions se posent : d'une part, l'expression « intellect acquis en acte » est-elle vide de sens comme le suggère D. Gutas ? D'autre part, est-elle absolument incompatible avec celle d'« intellect en acte » utilisée dans les *Išārāt* pour désigner la lampe (et distinguée de celle d'« intellect acquis » désignant la « lumière sur lumière »)? À ces deux questions, on peut répondre par la négative. En elle-même, la formule d'« intellect acquis en acte » (*al-ʿaql al-mustafād bi-l-fiʿl*) n'est pas plus absurde ou inenvisageable que celle d'« intellect acquis agent » (*al-ʿaql al-mustafād al-fāʿil*) qu'on lit dans le *De intellectu* arabe d'Alexandre d'Aphrodise (éd. Badawī, p. 34, 21; grec, *cf.* 108, 19 *sq.*) dont toutes les noétiques arabes sont peu ou prou les héritières. L'histoire proprement arabe de la notion d'intellect acquis, autrement dit, est embrouillée, à la fois d'un point de vue textuel, lexical et théorique, et ne saurait se régler d'une phrase. Du reste, si l'épître est un texte de jeunesse, comme pourrait l'indiquer l'absence de distinction entre le *fikr*, ici loué, et le *ḥads*, rien n'interdit de penser que la distinction entre intellect en acte et intellect acquis y est encore hésitante. D'une certaine façon, d'ailleurs (comme on l'a noté plus haut), les deux se confondent, et la différence entre eux n'est que de point de vue, l'intellect étant dit « acquis » par rapport à son agent et « en acte » par rapport à son essence. L'auteur de l'épître ne distinguant pas explicitement entre la lampe et la « lumière sur lumière », il est difficile de repérer des incohérences.

78. Traduction Masson, que nous modifions légèrement (en ajoutant : « au-dessus d'eux »). *Cf.* Cor. VII, 54 : « Votre Seigneur est Dieu : il a créé les cieux et la terre en six jours, puis il s'est

assis en majesté sur le Trône » (trad. Masson) ; et XI, 7 : « C'est Lui qui a créé les cieux et le terre en six jours, – son trône était alors sur l'eau » (trad. Masson).

79. O. Lizzini (*Angeli*, p. 1911, n. 51) note qu'on pourrait entendre : « il discorso che viene elaborato nelle questioni religiose, e dunque in teologia » et renvoie aux *Tisʿ rasā'il*, éd. Costantinopoli, p. 87 ; éd. Qāhira, 1908, p. 128, 4 (*al-kalām al-mustafīḍ fī istiwā' Allāh*).

80. Nous suivons ici la traduction de M. Marmura : « among other things this expression means that... ». O. Lizzini traduit : « Ora, tra le posizioni <assunte a riguardo> vi è che... ».

81. Plusieurs traductions envisageables : « sur le mode de l'incarnation », « de l'inhabitation », ou bien « en tant qu'Il s'y incarne », « qu'Il y adhère ». Toutefois, par cohérence avec la traduction de la même formule dans le § suivant (où ce sont les philosophes, cette fois, qui parlent), on choisit « en lui étant inhérent ». Sur le terme *ḥulūl*, voir l'article de L. Massignon et G. C. Anawati dans *E.I.* [2], III, p. 590-591. Le maṣdar est riche. Dans la *falsafa*, il peut signifier a) « l'inhésion d'un accident dans un sujet », ainsi que b) « l'union substantielle de l'âme au corps » ; dans le *kalām* et la mystique, cela désigne « l'infusion, l'inhabitation de Dieu dans la créature » et est souvent synonyme d'*ittiḥād*. S'agissant d'Avicenne, il faut rapprocher le terme du verbe *ḥalla* et de ses dérivés, *ḥāll* et *maḥall* ; *cf.* A.-M. Goichon, *Lexique*, n° 179, 183 et 184, p. 90-92 : *ḥalla* signifie venir dans quelque chose, s'y installer « au sens très précis de *prendre cette chose pour réceptacle*, ou de la prendre pour sujet d'inhésion si la chose qui survient est un accident » ; *ḥāll* « désigne la chose *qui vient* dans une autre, ou qui lui est *inhérente* », et *maḥall* le « *réceptacle*, le lieu, l'endroit qui reçoit ce que l'on vient à y mettre ». Techniquement, par conséquent, *ʿalā sabīl ḥulūl* peut bien se traduire : « par mode d'inhérence », « en étant inhérent ». Notons que M. Marmura traduit une variante inverse : « though *not* in the sense of His indwelling there » (nous soulignons). *Cf.*, sur la même question, F. Lucchetta (éd.), « Le Dieci questioni di Avicenna », *Quaderni di Studi Arabi*, 19 (2001), p. 101-134, ici

p. 125, 12 du texte arabe (p. 110-111 dans la traduction italienne); et J. Janssens, « Avicenna and the Qur'ān...... », ici p. 184-185. Voir aussi la traduction d'O. Lizzini, *Angeli*, p. 1911, n. 53.

82. Il est un parallèle que notre traduction ne rend pas entre *al-kalām al-mustafīḍ fī al-šarā'i'* du paragraphe précédent (littéralement : le discours, ou la parole, répandu(e) dans <le cadre> des lois religieuses) et, ici, *al-kalām al-falsafī* (le discours, ou la parole, philosophique).

83. Sur l'assimilation du Trône à la neuvième sphère, voir, entre autres, L. Gardet, *La pensée religieuse d'Avicenne*, p. 140.

84. *Cf.* Aristote, *Physique*, VIII, 10, 467b 5-10 (sur le titre arabe *Sam' al-Kiyān* pour désigner la *Physique*, *cf.* la note 37, p. 185 de J. Janssens, « Avicenna and the Qur'ān... »). Notons la lecture d'Averroès dans son *Grand commentaire* de la *Physique*. De ce moteur dont on a montré que son être n'était pas dans la matière, on peut dire, écrit-il, qu'il est « dans les lieux où son effet apparaît » : « quia iste motor, de quo iam declaratum est ipsum esse, non est in materia, non restat dicere, nisi *ipsum esse in illis locis, in quibus effectus eius apparet* » (*Aristotelis de physico auditu libri octo cum Averrois [...] commentariis*, Venise, apud Junctas, 1562, vol. IV, lib. VIII, c. 84, f. 432 E; nous soulignons). Le moteur céleste, dit-il plus largement (puisque cela ne concerne plus seulement le Premier moteur, mais tout moteur du ciel) « n'est dans un lieu que parce que ce qui est mû par lui est dans un lieu » (« non enim est in loco, nisi quia motum ex eo est in loco », *ibid.*, lib. VII, c. 9, f. 312 E-F).

85. Voir Avicenne, *Réfutation de l'astrologie*, p. 140-141, note 1; cf. *Livre de la genèse et du retour* (*Kitāb al-mabda' wa-l-ma'ād*), I, 47, trad. Michot, p. 50 (éd. Nûrânî, p. 68); *Métaphysique* (*Kitāb al-Ilāhiyyāt*) du *Šifā'*, IX, 2, p. 392-393 (trad. Anawati, p. 127; éd. Van Riet, p. 462-463).

86. Chez Avicenne lui-même (l'Avicenne assurément authentique), l'alternative est en vérité plus complexe puisqu'il soutient que « le mouvement du ciel, tout en étant psychique, peut être dit naturel » (*Livre de la genèse et du retour – Kitāb al-mabda' wa-l-ma'ād* –, I, 40; trad. Y. [J.] Michot, p. 39;

éd. Nûrânî, p. 53). Il écrit : « Sache-le, le mouvement du ciel est psychique mais est cependant par nature; c'est-à-dire que son existence dans son corps ne va pas à l'encontre de ce qu'exigerait une autre nature, qui appartiendrait à son corps. La chose qui meut le ciel, même si elle ne constitue pas une puissance naturelle, est quelque chose de naturel pour ce corps, quelque chose qui ne lui est pas étranger : c'est comme si elle était sa nature » (*ibid.*). Sur l'idée que l'âme de la sphère puisse être sa « nature », voir Alexandre d'Aphrodise, *Fī mabādi' al-kull*, in *Alexander of Aphrodisias. On the Cosmos*, by Ch. Genequand, Leiden-Boston-Köln, Brill, 2001 (notamment p. 94, 12; 95, 14). Sur cette question chez al-Fārābī, voir D. Janos, *Method, Structure, and Development in al-Fārābī's Cosmology*, chap. 2 et 4. Plus largement, sur la cosmologie dans la philosophie arabe, voir D. Twetten, « Arabic Cosmology and the Physics of Cosmic Motion », *in* L. López Farjeat, R. C. Taylor (eds.), *Routledge Companion to Islamic Philosophy*, New York, Routledge, 2016, p. 156-167; Id., « Aristotelian Cosmology and Causality in Classical Arabic Philosophy and its Greek Background », *in* D. Janos (ed.), *Ideas in Motion in Baghdad and Beyond : Philosophical and Theological Exchanges between Christians and Muslims in the Third/Ninth and Fourth/Tenth Centuries*, Leiden, Brill, 2015, p. 312-433. Pour Avicenne, voir O. Lizzini, *Fluxus (fayḍ)*, p. 394-416.

87. Sur la délicate position d'Avicenne concernant la nature des âmes célestes (ou angéliques), voir J. [Y.] Michot, *La destinée de l'homme selon Avicenne*, p. 110-118; pour l'explication du mouvement céleste, voir entre autres sa *Métaphysique* (*Kitāb al-Ilāhiyyāt*) du *Šifā'*, IX, 2, p. 381-387; trad. Anawati, p. 119-123; éd. Van Riet, p. 434-45. *Cf.* Alexandre d'Aphrodise, *Fī mabādi' al-Kull*, in *Alexander of Aphrodisias. On the Cosmos*, p. 48, 8 *sq.*; *cf.* al-Fārābī, *Régime politique*, éd. Najjar, p. 53, 8-9; trad. Vallat, p. 79 : « l'âme qui, en chacun d'eux <i.e. les ciels>, est dans un substrat, est en outre <composée> elle-même des parties de l'âme qui est intellect en acte » (*cf.* éd. Cherni, p. 92, qui change le texte arabe, pour traduire en simplifiant : « L'âme qui est en chacun d'eux existe dans un substrat et est cependant un intellect en

acte »). Plus clairement, al-Fārābī affirme plus haut dans son texte : « il n'y a dans les corps célestes ni âme sensitive ni âme imaginative; ils n'ont que cette âme qui intellige » (*Régime politique*, trad. Vallat, p. 16).

88. *Cf.* la définition de l'ange donnée dans le *Livre des définitions*, 17; trad. A.-M. Goichon, p. 38 (ar. p. 26); v. *supra*, note 39.

89. *Cf.* al-Fārābī, *Livre du Régime politique*, éd. Najjar, p. 32, 5; trad. Vallat, p. 6 (éd. Cherni, p. 34) : « Les Causes secondes sont cela dont il convient de dire "les êtres spirituels", "les anges" et autres choses semblables ».

90. *Cf.* Cor. XXIX, 57 : « Tout homme goûtera la mort./ Vous serez, ensuite, ramenés vers nous » (trad. Masson). M. Marmura traduit : « each soul after death is resurrected »; et O. Lizzini : « ogni anima che muoia avrà la propria resurrezione »; elle renvoie à la notice « Qiyāma » de L. Gardet, in *EI*, V, 1986, p. 235 et 238, et rappelle la distinction entre une résurrection universelle (*al-qiyāma al-kubrā*) et une résurrection individuelle (*al-qiyāma al-suġrā*).

91. Marmura signale en variante *taḥaqquq*, ce qui donnerait : « la reconnaissance », ou le contrôle, la constatation.

92. Le terme *taḥqīq* peut désigner « l'interrogatoire », ou plus largement, l'action de s'assurer de quelque chose (ce que nous retenons ici, et correspondrait à la vérification de ce qu'est l'âme en sa vérité). M. Marmura traduit : « since the souls' scrutiny after its separation from the body is certain… », et O. Lizzini, que nous suivons : « E poiché la determinazione della realtà dell'anima umana si verifica nel modo più certo al momento della separazione <dal corpo>… »

93. Car ce jour-là, en effet, « vous serez exposés en pleine lumière; aucun de vos secrets ne restera caché » (Cor. LXIX, 18; trad. Masson).

94. Il faut évidemment comprendre que ce ne sont pas à proprement parler la promesse et la menace, mais leur concrétisation sous forme de récompense ou de châtiment qui a été placée à ce moment-là.

95. Littéralement, bien-sûr : « le feu » (*al-nār*). Dans la suite, nous traduisons *ǧahīm* par « Fournaise », et *ǧahannam* par « Géhenne ».

96. Le terme *ṣirāṭ* signifie littéralement « voie ». Mais le terme, par appropriation, est devenu le nom propre du « pont » eschatologique, placé au-dessus de la Géhenne, et sur lequel tous les hommes doivent passer. Dans la suite, nous traduisons à la lettre *ṣirāṭ* par « voie » et *ṭarīq* par « chemin ». *Cf.* Cor. XXXVI, 66 et XXXVII, 23.

97. Littéralement, bien-sûr : « le jardin » (*al-ǧanna*).

98. Sur la tradition du « pont de l'enfer », *cf.* S. Muslim, *Īmān*, le Caire, 1956, p. 302.

99. Marmura retient dans sa traduction une variante, qui ajoute *al-azaliyya* (« éternelle ») après *al-ʿināya* (« la providence »), et propose : « Reward is to dwell *eternally* within divine providence » (nous soulignons).

100. Le passage rappelle des thèses bien connues d'Avicenne, mais il est dans le détail difficile à traduire (O. Lizzini propose : « chi perisce non perisce se non perché, tra le potenze animali, applica l'estimativa in assenza dei sensi, in modo menzognero alla forma astratta » ; et Marmura, plus loin de la lettre : « all who have perished have suffered thus because they have conformed with the estimative faculty, which is the animal faculty that gives false judgments regarding the abstracted images when the senses are dormant »). On peut l'entendre sans doute de plusieurs façons : a) en l'absence des sens (qui servent de repère, malgré tout), l'estimative vient s'appliquer sur la forme *intellectuelle* abstraite, et la recouvrir, en somme, pour imposer à l'intellect son objet propre (elle viendrait brouiller le jugement de l'intellect, privé de l'appoint sensoriel, en fournissant un correspondant imaginal *mensonger* à la forme abstraite, et l'homme, pourtant intelligent, périrait pour s'être conformé lui-même à cette forme illusoire). Cette lecture peut rejoindre l'idée avicennienne selon laquelle l'estimative est capable en l'absence des sens de faire émaner des formes vaines de l'intellect séparé, i.e. des formes contraires au réel dont elle ferait croire cependant qu'elles lui sont conformes.

C'est ce qu'on lit dans ce passage de *L'Épître sur la disparition des formes intelligibles vaines après la mort*, *in* J. [Y.] Michot, « "L'épître sur la disparition des formes intelligibles vaines après la mort" d'Avicenne. Edition critique, traduction et index », *Bulletin de Philosophie Médiévale*, 29 (1987), p. 152-170, ici p. 162 : « et quand la puissance imaginative imagine quelque forme, impossible ou non impossible, l'intellect accomplit en celle-ci l'action qui lui est propre et la fait devenir intelligible. Dès lors, si l'imaginative ne servait pas d'intermédiaire, absolument aucune forme opposée au réel n'adviendrait en l'intellect » (*cf.* J. [Y.] Michot, « Avicenna's "Letter on the disappearance of the vain intelligible forms after death". Presentation and translation », *Bulletin de Philosophie Médiévale*, 27 (1985), p. 98-103). En l'absence des sens, autrement dit, et sans le contrôle surplombant de l'intellect (chargé en principe de la conduire), l'imaginative, abandonnée à elle-même, a le pouvoir de faire émaner de l'intellect agent des intelligibles vains « conformes » aux chimères qu'elle produit d'elle-même en elle-même (*cf.* J. [Y.] Michot, *La destinée de l'homme selon Avicenne*, p. 64; p. 171, n. 108). b) En l'absence des sens, l'estimative vient recouvrir la forme *imaginative* abstraite. L'estimative interviendrait ici sur la forme imaginée (*dégagée* de la présence du sensible et de l'intervention des sens externes) pour juger et certifier que l'image est réelle, qu'à l'image correspond quelque chose de réel; ce faisant, elle s'arrogerait le pouvoir de certification du réel normalement dévolu à l'intellect, le risque étant alors de basculer de l'imaginal à l'imaginaire, où l'intellect n'est plus là pour juger (sur cela, voir J. [Y.] Michot, *La destinée de l'homme selon Avicenne*, p. 163 et avant). Dans cette seconde lecture, l'estimative, s'appliquant aux formes imaginées mensongères, fait croire qu'est réel ce qui ne l'est pas; elle voudrait certifier la réalité de la forme, avoir une « fonction objectivante » (à nouveau, *cf.* J. [Y.] Michot, *La destinée de l'homme selon Avicenne*, p. 162, n. 89), mais elle peut mentir, se tromper, induire en erreur, lorsque, *estimant* objective ou réelle la forme imaginée, son jugement n'est pas « supervisé » par l'intellect (et, en dernier lieu, par Dieu). Notre puissance d'imagination et d'estimation, autrement dit, n'est pas capable de s'auto-évaluer, pour, le cas échéant, dénoncer le caractère illusoire de ses productions (*cf.* Avicenne, *Métaphysique* (*Kitāb al-Ilāhiyyāt*) du *Šifā'*, VI, 5, p. 288 : « celui qui imagine quelque chose n'a pas conscience ni ne juge par là-même qu'il a imaginé. Imaginer n'est pas avoir conscience qu'on a imaginé » ; trad. Anawati, p. 39 ; éd. Van Riet, p. 332). Le risque, donc, est bien que l'imaginative puisse se rebeller contre la nécessaire garantie de l'objectivité donnée par l'intellect, et qu'elle fasse croire qu'est réel ce qui ne l'est pas : c'est l'état de folie dont parlent notamment les *Gloses* (*K. al-Ta'līqāt*, éd. Badawī, p. 68 ; cité et traduit par J. [Y.] Michot, *La destinée de l'homme selon Avicenne*, p. 163, n. 90) : « Dans le sens commun du fou, une forme advient qu'il y voit alors qu'elle n'a pas d'existence à l'extérieur. "Que sont, dit-il, ces choses que je vois ? " Cependant, parce qu'il n'a pas d'intellect pour les distinguer et pour savoir qu'elles n'ont pas d'existence à l'extérieur, il estime (*tawahhama*) qu'elles sont vues en réalité. De même, aussi, le dormeur dans le songe. Il y a dans son sens commun des choses qui n'ont pas de réalité. La cause en est que ces formes adviennent en son sens commun et il s'imagine (*yutaḫayyalu la-hu*) les voir en réalité. Cela, du fait que l'intellect est absent pour les gérer et les connaître. » D'autres passages vont dans ce sens, qui éclairent notre texte : *cf.* Avicenne, *Le livre de science* (*Dāneš Nāmeh*), II, trad. Achena et Massé, p. 85 : « deux choses empêchent l'image de se former dans le sens commun en temps de veille : l'une est la prédominance du sens externe et l'absorption du sens commun par le sens externe ; l'autre, la faiblesse de l'imagination, alors que *la raison la brise et dénonce des images mensongères que l'imagination forme* » (nous soulignons). L'idée serait ici que l'imaginative, en l'absence des sens, peut également n'être plus domptée par l'intellect ; elle n'est plus son instrument, au service de son union à l'intellect agent. Le risque, en l'absence des sens, est donc que l'imaginative ne soit plus commandée par l'intellect et que, rendue à son agir propre, elle parvienne à déployer et à imposer ses images sans fondement réel. Arrive alors ce que décrit la phrase suivante :

« puisque c'est l'imagination qui forme les images, <deux cas se présentent>. D'une part, si l'intelligence est forte, le sens externe ne l'absorbera pas; mais *si l'imagination est très forte, elle emporte avec elle l'intelligence*. D'autre part, si l'intelligence est faible ou si elle s'arrête en son activité pour cause de maladie, *rien ne retiendra l'imagination*; par conséquent, *c'est celle-ci qui formera complètement la représentation des choses* – représentation qui se fixera dans le sens commun » (*ibid.*, p. 86; nous soulignons). Le même phénomène est décrit dans l'*Épître des états de l'âme* (*in* J. [Y.] . Michot, « Prophétie et divination selon Avicenne. Présentation, essai de traduction critique et index de l'*Épître de l'âme de la sphère* », *Revue philosophique de Louvain*, 83 (1985), p. 507-535, ici p. 521; nous soulignons) : « par sa puissance, <l'intellect> *détourne (l'imaginative) des phantasmes mensongers que les sens ne lui apportent pas* et pour lesquels lui-même ne l'utilise pas ». En d'autres termes : en l'absence de sens, l'imaginative peut développer des images mensongères, décrochées du réel, sauf quand, subjuguée, elle se tient sous la tutelle de l'intellect.

101. De nouveau, on relève ici plusieurs problèmes, qui affectent la traduction et le sens (chaque modification en entraînant plusieurs autres). Premièrement, la phrase pourrait avoir deux sujets : soit *l'homme*, perdu par son estimative; soit – ce que nous retenons – cette *puissance estimative* elle-même (ce qui rend certes plus difficile la traduction de la formule qui suit : *al-muttasim bi-simat al-ʿaql al-hayūlānī* : il ne serait pas question de l'homme, doté de l'intellect matériel, mais de l'estimative, marquée, prenant la marque, s'arrogeant la caractéristique de l'intellect matériel). M. Marmura opte pour cette seconde lecture, et propose : « no wonder, then, that this audacious faculty... »; O. Lizzini réussit à ne pas trancher : « l'impudente... » (ce qui peut renvoyer au sujet de la phrase précédente : l'homme qui périt, aussi bien qu'à l'estimative). Deuxièmement, le terme *ǧasūr*, qu'on traduit par « audacieux/audacieuse » pourrait être pris, selon le sujet auquel on l'attribue, et selon l'interprétation qu'on fait du passage, en

bonne ou en mauvaise part. S'il vaut pour l'homme, et qu'on l'entend en un sens positif, cela pourrait désigner l'homme « courageux », capable, *en tant qu*'il est doté de l'intellect, de maîtriser ses passions, mais victime malheureuse, ici, de son estimative débridée (*même* l'homme courageux, autrement dit, théoriquement capable d'affronter rationnellement les difficultés de la vie passionnelle, risque la ruine, dès lors que, dominé par l'estimative, il perd la raison). Si le sens est négatif, en revanche, il faudrait comprendre que l'homme, *bien qu*'il soit doté de l'intellect, et donc en principe capable de se guider rationnellement, ferait preuve d'audace, pour son malheur, en étant dominé par l'estimative trompeuse jusqu'à outrepasser les bornes de la rationalité contrôlée. Ce sens négatif de l'audace pourrait bien s'appliquer à la puissance estimative elle-même (audacieuse en ce qu'elle passerait les bornes pour s'octroyer un droit qu'elle n'a pas), et rend du même coup envisageable l'autre leçon manuscrite que signale Marmura : *al-ḥasūd* (pour *wahm*, qui est masculin), « la jalouse », ou « l'envieuse ». Cela étant, nous retenons dans notre traduction qu'il est question de l'audacieuse puissance, qu'elle s'arroge les prérogatives de l'intellect (prenant la marque, ce faisant, de l'intellect matériel), et qu'elle séduit l'esprit. Mais s'il était question de l'homme (victime de son estimative malgré son désir de contrôler les passions), de l'homme caractérisé par l'intellect matériel qui, perdu par l'estimative, perd sa raison, on traduirait : « à vrai dire, l'<homme> courageux, doté de l'intellect matériel, ne peut, en perdant l'esprit, être, en ce qu'il imite (dans ses habitudes ?), à l'abri du doute, ni, en ce qu'il croit, à l'abri du revirement… » Les notes suivantes apportent des précisions sur les traductions alternatives.

102. *Cf.* la fin du § 40 : si l'homme s'interrompt sur le pont de l'enfer, « qu'il imagine que l'estimative est intellect et que ce qu'elle indique est vrai, il s'arrête alors dans la Fournaise, séjourne dans la Géhenne, périt et subit une immense perte. »

103. Le texte, de nouveau, est incertain, et la traduction délicate. Le problème est double : d'une part, une leçon donne

bi-ḫalbihi (*ḫalb* désignant le fait d'arracher, d'ôter), une autre : *bi-ǧalbihi* (*ǧalb* désignant l'attraction, l'attrait) ; d'autre part, *lubb* (qui désigne littéralement la moelle, la pulpe), peut s'entendre de différentes façons. M. Marmura, qui retient *bi-ḫalbihi* et propose *reason* pour *lubb*, traduit, en parlant de la *puissance estimative* : « by taking away reason » (*cf.*, d'ailleurs, Lane, p. 782) ; O. Lizzini, qui retient *bi-ǧalbihi* et voit dans *lubb* l'esprit, *la mente*, propose, elle, sans que le sujet soit précisé : « per via dell'incanto <che procura alla> mente ». Quant à D. Gutas, il parle d'une puissance (l'intellect matériel, selon lui) « blamed for "clutching" (or "taking away", *bi-ḫalbihi*, Marmura) or "attracting" (*bi-ǧalbihi*) the *lubb* » (*Avicenna and the Aristotelian Tradition*, p. 487 – notons au passage que, quand il traduit *On the Rational Soul*, *ibid.*, p. 73, il traduit *lubb*, assimilé à l'âme rationnelle, par « the core of the self »). L'idée, par conséquent, serait a) que l'estimative, par ses prétentions (à présenter le réel et à en juger), viendrait s'emparer de la raison, l'« arracher » (et l'ôter, donc, en prenant sa place), ou bien b) qu'elle viendrait séduire cette raison (en lui présentant des images et des jugements ayant l'allure du vrai), la captiver, et l'attirer, en fait, dans sa fausseté (c'est ce que nous retenons ici). Les deux lectures sont possibles et sensées, qui suggèrent l'idée courante chez Avicenne que l'intellect peut ne plus réussir à « dompter » l'imaginative placée sous le contrôle trompeur de l'estimative (voir J. [Y.] Michot, *La destinée de l'homme*, p. 163, n. 91). Cela étant, nous pourrions adopter une lecture plus technique encore. Le *lubb*, en effet, pourrait renvoyer au *ma'nā* de la chose dont parle la version arabe des *Parva Naturalia* (*cf.* Ms. Rampur, p. 31, 20 *sq.* dans la thèse de R. Hansberger, *The Transmission of Aristotle's* Parva Naturalia), et qu'Averroès, entre autres, relancera dans son *Epitomé* du texte (voir *Averrois Cordubensis Compendia librorum Aristotelis qui Parva naturalia vocantur*, textum arabicum recensuit et adnotationibus illustrauit H. Blumberg, Cambridge (Mass.), The Mediaeval Academy of America, 1972, p. 33, 6-7 ; p. 43, 3-4 ; et pour le latin : *Compendia librorum Aristotelis qui Parva naturalia vocantur*, éd. A. L. Shields, H. Blumberg, Cambridge (Mass.), The Medieval Academy of

America, 1949, p. 42, 31-33; p. 59, 63-64). L'estimative, dans cette lecture, prétendrait s'emparer, sous leur écorce, du « cœur », de la « pulpe » des choses en l'absence des sens (*bi-ḫalbihi al-lubb* devrait se traduire, alors : « en s'emparant de la pulpe <des choses> », ce qui de droit revient à l'intellect – ou du moins à un pouvoir *commandé par l'intellect* – chargé, sur cette base, de saisir l'essence), et offrirait cette fausse *intentio*, ce *ma'nā* vide, à l'intellect, qui s'égarerait et se ferait malgré lui (si l'on peut dire) le réceptacle de formes vaines. Cette interprétation, elle aussi, est possible. Car Avicenne connaît ce lexique de l'écorce (*qišr*), de la pulpe (ou noyau, ou moelle) et de la purification venu de la version arabe des *Petits traités d'histoire naturelle* (voir R. Hansberger, *The Transmission of Aristotle's* Parva Naturalia, p. 69-70, pour l'arabe, puis 72 *sq.*). Il l'emploie lui-même pour décrire l'abstraction *intellectuelle* dans ses notes sur la *Théologie d'Aristote* : voir G. Vajda, « Les notes d'Avicenne sur la "Théologie d'Aristote" », *Revue thomiste*, 51 (1951), p. 346-406, p. 355-356 : « l'âme augmente les choses en procédant sur elles à ces opérations abstractives dont il est question dans les traités *de Anima* et *de Sensu et Sensato*. La plus excellente d'entre elles est l'abstraction intellectuelle qui les dépouille de leurs conséquents matériels et de ce qui les couvre comme une enveloppe, <éléments> qu'on prend pour des parties intégrantes des substances mêmes de ces formes alors qu'il n'en est rien. Ainsi les états sensibles sont censés faire partie du véritable être des choses, mais cela n'est point ainsi. Au contraire, l'âme raisonnable les purifie de ces écorces et les dégage de ces conséquents étrangers… » (pour l'arabe, *cf.* 'A. Badawī (éd.), *Arisṭū 'inda al-'Arab*, Koweït, Wikālat al-maṭbū'āt, [2]1978, p. 40, 8 *sq.*)

104. M. Marmura traduit tout autrement : « no wonder, then, that this audacious faculty, calling itself "the material intellect", by taking away reason, renders suspect whoever imitates it *and an apostate whoever believes it* … » (nous soulignons) ; et O. Lizzini : « non è certo al sicuro dal dubbio rispetto alle <opinioni autorevoli> cui ci si rimette né <salvo> dall'apostasia riguardo alle cose in

cui si crede… ». En traduisant par « revirement », on opte ici pour une lecture plus faible ou plus large du terme *irtidād*.

105. Dans ce passage à nouveau difficile, le texte étant manifestement très corrompu, D. Gutas repère une autre raison de contester l'authenticité de l'épître. Il écrit (comme on l'a déjà noté en partie) : « the author appears to be calling the estimative faculty the material intellect <…>. The material intellect is blamed for "clutching" (or "taking away", *bi-ḫalbihi*, Marmura) or "attracting" (*bi-jalbihi*) the *lubb*, which Marmura translates as "reason", and for causing the perdition of the individual » (*Avicenna and the Aristotelian Tradition*, p. 487 *sq.*). Ce n'est pas ainsi, toutefois, que nous comprenons le texte. Premièrement, l'auteur n'appelle pas « intellect matériel » l'estimative (même si l'on tient compte de la variante manuscrite, § 38, n. 5) : il paraît plutôt suggérer que l'estimative (si c'est bien d'elle qu'il est question, et non de l'homme, auquel cas le problème ne se pose même pas), hors contrôle, prétend prendre la place (et la « marque », le caractère, le trait, de l'intellect matériel), c'est-à-dire qu'elle s'arroge un pouvoir de saisie et de certification du réel que, de droit, elle n'a pas. Deuxièmement, ce n'est donc pas à *l'intellect matériel*, mais *à cette estimative* débridée et hors contrôle qu'il reproche d'ôter le *lubb*, de s'en emparer, ou de l'attirer. On ne voit pas là – si c'est bien ainsi qu'il faut lire – de *nonsense*.

106. Nous retenons pour cette phrase trois autres leçons manuscrites, pour lire : « fa-iḏā fasadat al-ṣūra al-muʿtaqida, wuǧidat al-nafs al-nāṭiqa… » Marmura (qui lit, lui : « fa-iḏā fasada bi-ṣuwari-hi al-muʿtaqida, waǧada al-nafs al-nāṭiqa… ») traduit : « When thus corrupted with his believed images, such an individual finds that the rational soul, whose activities to some degree correspond to his, is devoid of the noble intellectual forms that actualize it » ; et O. Lizzini également : « Così, una volta corrotto nelle forme cui ha creduto, <l'individuo> trova che l'anima razionale, nel suo essersi in certo modo adattata <all'estimativa>, è priva delle nobili forme intellettuali che la fanno passare all'atto » (elle propose en note, toutefois, suivant la variante : « una volta corrotta la forma… »). En suivant ces leçons-là, nous traduirions :

« une fois que <cet homme s'est> corrompu par les formes auxquelles il croyait, il trouve que l'âme rationnelle… (ou bien encore : « une fois que <cet homme s'est> corrompu par les formes auxquelles il croyait, l'ame rationnelle se retrouve… »).

107. Même s'il pourrait s'agir de la forme de l'imaginative, ou de l'estimative, il nous semble qu'il est ici question de la corruption de la forme vaine à la corruption du corps. *Cf.* J. [Y.] Michot, *La destinée de l'homme*, p. 65, n. 24 (qui traduit *L'Épître sur la disparition des formes intelligibles vaines après la mort* : « après la mort…, les intellects agents ne font plus émaner les formes vaines… »; « les formes opposées au réel émanent d'eux en vertu de la nécessité de l'imaginative. Lorsque celle-ci s'évanouit, il faut nécessairement qu'elles n'émanent plus… »).

108. Nouvelle occurrence de *muṭābaqa*, que nous traduisons ici par « ajustée à », puis plus bas, § 39, par « ajustement » (et non pas, comme plus haut dans le même paragraphe, par « venue s'appliquer sur »).

109. C'est ainsi qu'on comprend le *la-hu*. O. Lizzini, on l'a noté, traduit également : « <l'individuo> trova che l'anima razionale, nel suo essersi in certo modo adattata <all'estimativa>, è priva… » ; Marmura, en revanche, propose : « such an individual finds that the rational soul, whose activities to some degree correspond to his, is devoid… ».

110. Littéralement : « pour l'acquisition » (*fī-iktisāb*). Pour éviter d'écrire : « pour l'acquisition de l'intellect acquis » (*'aql mustafād* se traduisant traditionnellement ainsi), on a mis « pour obtenir ». Mais il faut garder en tête le lexique noétique technique de cette formule. Dans la phrase suivante, en revanche, nous traduisons « acquérir » pour *iktisāb*, et « acquisition » pour *kasb*.

111. L'âme paiera son rapport pervers au corps et sa méconnaissance d'elle-même comme « affamée » de vérité ; *cf.* Avicenne, *Le livre de science* (*Dāneš Nāmeh*), I, trad. Achena et Massé, p. 213 : « Il s'ensuit que, par ces causes, il nous arrive aussi de ne pas nous apercevoir du plaisir <dû aux> intelligibles parce que nous en sommes détournés, et que notre faculté intellectuelle est faible tout d'abord ; en bref, <cela nous arrive>

tant que nous sommes dans notre corps et que nous avons accoutumance à des choses sensibles. Il arrive souvent qu'une chose agréable nous semble désagréable, pour les mêmes causes susdites. Il arrive souvent aussi que <l'homme> ne s'aperçoive ni du plaisir ni du déplaisir; par exemple, une personne dont les organes sont engourdis, et qui, lorsqu'il lui arrive plaisir ou déplaisir, ne s'en aperçoit pas; quand l'engourdissement disparaît, elle s'aperçoit alors de la douleur d'une chose qui lui était arrivée – brûlure ou blessure. Il arrive souvent qu'une faculté perçoive une chose en laquelle consiste son plaisir, alors qu'elle ne perçoit pas le plaisir par suite d'une cause adventice; par exemple, la maladie nommée boulimie par les médecins et qui consiste en ce que tout le corps est affamé et s'affaiblit sans cesse par la faim, cependant que l'estomac, par suite de la maladie, ne s'aperçoit pas de la faiblesse ou de l'effet qu'il subit; mais quand cette cause disparaît, il ressent violemment la douleur <causée> par le défaut d'aliments. <Or> l'état de notre âme en cet univers est de même, car elle est dans l'imperfection, souffre du fait que la perfection des intelligibles parfaits n'est pas en elle; cependant, par sa nature propre et par la perfection dont elle est déjà douée, elle recherche la félicité; mais en tant qu'elle est dans le corps, elle est détournée de la perception du plaisir et de la douleur <véritable>; elle s'en apercevra quand elle sera séparée du corps. »

112. Avicenne indique plusieurs fois dans son œuvre que le châtiment pourrait n'être pas éternel et qu'existe, donc, une possibilité d'évolution positive des âmes. Sur ce point, voir J. [Y.] Michot, *La destinée de l'homme selon Avicenne*, p. 198 *sq.* À titre d'exemple, voir Avicenne, *Livre de la genèse et du retour* (*Kitāb al-mabda' wa-l-ma'ād*), III, 14; trad. Michot, p. 75 (éd. Nûrânî, p. 113) : « parce que ces dispositions <que l'âme reçoit du corps du fait de l'attache qu'elle a avec lui et des égards qu'elle a pour lui> sont étrangères à l'âme, il n'est pas invraisemblable qu'elles soient de ce qui cesse avec le temps. Les Lois religieuses, semble-t-il, ont énoncé quelque chose de semblable. Le croyant, dit-on en effet, ne reste pas éternellement

dans le tourment. Quant au défaut de caractère essentiel, pour celui qui a eu conscience de la perfection dans ce monde, qui en a fait acquérir le désir à son âme mais qui a, ensuite, renoncé à peiner là pour acquérir de façon complète l'intellect en acte, pour lui ou pour celui qui se résout au fanatisme et à la négation, ce défaut est une maladie incurable. »

113. Tel qu'il est édité, le texte, très altéré, nous paraît intraduisible. O. Lizzini propose : « non innamorarti <mai> di un viaggiatore : l'uomo muore, e ti è sottratto quel che ti aveva invaso all'improvviso; sopravvive, e tu resti a struggerti di fervente amore ». M. Marmura, s'appuyant sur la reconstitution manuscrite d'un copiste (voir note 13, p. 58 de son édition), traduit : « never fall in love with someone who is a traveller. For he will inevitably travel or will die. You will then be left in the anguish of love, tortured ». Faute de mieux, nous le suivons.

114. Sur ce point, voir, dans son ensemble, J. [Y.] Michot, *La destinée de l'homme selon Avicenne*; en particulier, voir p. 204-205, où l'auteur note que le monde imaginal ne peut être autant déprécié que dans le cadre d'un écrit nettement « intellectualiste », c'est-à-dire, donc, relativement à cette perfection qu'est la réalité intelligible à laquelle l'esprit peut s'ouvrir.

115. La « plupart », car tous les intelligibles ne sont pas tirés de l'expérience. Voir entre autres le *Livre de la genèse et du retour* (*Kitāb al-mabda' wa-l-maʿād*), III, 5; trad. J. [Y.] Michot, p. 68 (éd. Nûrânî, p. 99) : « la première chose qui se produise dans l'intellect hylique à partir de l'intellect agent, c'est l'intellect *in habitu*, c'est-à-dire la forme des intelligibles premiers, dont certains adviennent absolument sans expérience, ni syllogisme, ni induction – ainsi, par exemple, que le tout est plus grand que la partie –, et certains par l'expérience – ainsi, par exemple, que toute terre est pesante. »

116. Le « y » renvoie à la Saqar, sixième niveau de l'enfer. Le Coran dit : « je te ferai brûler dans Saqar./ "Comment te faire saisir ce qu'est Saqar? "/Elle n'épargne ni rien ne laisse/son feu charbonne les peaux/dix-neuf y sont préposés » (trad. Berque).

117. Cor. LXXIV, 30 (trad. Berque); *cf.* trad. Blachère : « Sur Elle veillent dix-neuf <Archanges> »; trad. Masson : « ses surveillants sont au nombre de dix-neuf ».

118. Sur cette question de l'éternité, et la possibilité d'une purification, voir le § 39, note pour la première phrase.

119. D. Gutas trouve ici une autre raison de contester l'authenticité du texte. Il écrit (*Avicenna and the Aristotelian Tradition*, p. 488) : « the text says that the animal soul is the hell-fire (*al-jaḥīm*) and that it survives the death of the body eternally in hell (*an-nafs al-ḥayawāniyya...tabayyana annahā l-bāqiya ad-dā'ima fī jahannam*). Such nonsense could not have been written by Avicenna, even as a teenager » (cette dernière affirmation vaut aussi pour ce que D. Gutas dit avant concernant le § 38 et la confusion, selon lui, entre l'estimative et l'intellect matériel). Pour appuyer son jugement, D. Gutas renvoie en note (n. 41, p. 488) à un article d'H. Eichner (« Ibn Sīnā's *Epistle on Prayer (Risala fi al-salat)* »), qui, sans nier la paternité avicennienne du texte (présenté comme « a very early work by Ibn Sīnā ») considère que le rôle de l'âme animale dans l'*Épître sur les prophéties* diffère de « the Avicennian standard psychological theory » en ce que « the animal soul survives after the death of body and the animal soul is part of the soul that undergoes punishment in hell » (n. 8, p. 173). Cependant, nous ne lisons pas le texte ainsi. Premièrement, si l'on reprend ce que D. Gutas affirme, il n'est pas inconcevable d'écrire (§ 41) que la Fournaise, c'est l'âme animale. L'auteur se livre en effet à l'interprétation de divers passages coraniques pour indiquer à son interlocuteur ce qu'il faut comprendre (ou plutôt ce qu'on peut et doit comprendre quand on en a les moyens) derrière telle ou telle métaphore. La niche, c'est l'intellect matériel; le Trône, c'est la dernière sphère; la Fournaise, c'est l'âme animale, toute orientée vers le sensible et ses plaisirs. Le texte ne dit donc pas que l'âme animale *est* la Fournaise, mais que, derrière le mot de « Fournaise », c'est la perversion de l'âme inférieure qu'il faut concevoir. Deuxièmement, le texte ne soutient pas non plus (même si c'est bien ce qui semble être écrit) que cette âme animale survit à la mort du corps en demeurant éternellement en enfer. Le

dirait-il, du reste, qu'il n'y aurait rien d'incohérent, puisque, comme l'a montré J. [Y.] Michot dans son livre *La destinée de l'homme selon Avicenne*, toute l'eschatologie imaginale d'Avicenne *suppose une survie du psychisme infra-rationnel* (les âmes, une fois leurs corps détruits, trouvant à s'attacher aux corps célestes comme à des miroirs). Toutefois, ce texte-ci ne le dit pas ; ou du moins n'est-ce pas ainsi selon nous qu'il convient de l'entendre. Il faut se rappeler le § 38 : l'auteur y pose que lorsqu'elle est sortie du corps (c'est-à-dire, donc, à la mort du corps), l'âme rationnelle qui s'est malheureusement ajustée à l'estimative se retrouve comme coupée d'elle-même, de son essence, privée des formes nobles dont elle aurait besoin pour s'appartenir, se correspondre, être pleinement heureuse, et que, si elle perçoit désormais ce qu'il lui faudrait acquérir intellectuellement, elle n'a *plus* les moyens de cette acquisition puisque *se sont corrompus les sens externes et les sens internes, l'estimative, la mémoire et la cogitative*. Aussi, l'âme animale n'étant rien sans cela, il est clair que l'auteur du texte ne défend pas sa survie passée la mort du corps. Comment comprendre alors qu'il soit écrit bel et bien au § 41 que « c'est <l'âme animale> qui demeure éternellement dans la Géhenne » ? Il faut à nouveau réinscrire la phrase dans le contexte exégétique et tenir compte de ce qui vient d'être présenté. La Géhenne, l'enfer, c'est le résultat d'une vie menée contre la raison par sa conformation à l'estimative trompeuse. Ce qui demeure dans la Géhenne, par conséquent, c'est, non pas l'âme animale à proprement parler (qui n'est plus lorsque le corps meurt – ce que dit ce texte-ci, en tout cas), mais l'âme rationnelle abaissée, déformée, pervertie par l'âme animale durant la vie terrestre et qui conserve la trace de cette déchéance. C'est ainsi, croyons-nous, qu'il faut comprendre (même si l'on reconnaît un fléchissement interprétatif) : l'âme animale, quand on lui obéit outre mesure tandis que le corps vit, est la cause pour l'âme rationnelle d'une (sur)vie (potentiellement) éternelle de malheur. C'est l'âme rationnelle « animalisée », pourrait-on dire, qui demeure (ou risque de rester) éternellement dans la Géhenne, c'est-à-dire constamment privée d'elle-même.

120. Littéralement : « scientifique ». Nous retenons la leçon : *al-ʿilmiyya*, et non *al-ʿamaliyya*. Marmura traduit par : « the cognitive », et O. Lizzini : « quella conoscitiva ».

121. Dans le § précédent (40), nous avons traduit *taṣawwur*, appliqué à l'intellect, par « conception ». On le rend ici par le terme plus large, valable pour le degré infra-rationnel de l'imagination, de « représentation ».

122. Avicenne indique plusieurs fois qu'on peut compter huit – et non pas seulement cinq – sens externes (l'ouïe, la vue, l'odorat, le goût, et quatre formes de toucher) : faut-il en déduire que les seize sortes de sentis dont il est ici question correspondent aux huit couples d'opposés perceptibles par ces huit puissances du sens externe ? Voir le *Livre de la genèse et du retour* (*Kitāb al-mabda' wa-l-maʿād*), III, 3 ; trad. J. [Y.] Michot, p. 65 (éd. Nûrânî, p. 93) : « Celles de puissances saisissantes qui sont apparentes, ce sont les sens. Cinq en apparence, d'un nombre supérieur à cinq en réalité. En effet, le toucher n'est pas une puissance unique mais, plutôt, quatre puissances, dont chacune a en propre une seule et même contrariété. Ainsi, pour le chaud et le froid, il y a un juge, pour le mou et le dur un juge, pour le sec et l'humide un juge, pour le rugueux et le lisse un juge. <...> Quant à ce qui concerne l'intérieur, les puissances que les animaux parfaits possèdent sont au nombre de cinq ou six » ; *cf.* le *Livre de l'âme* (*Kitāb al-nafs*) du *Šifā'*, I, 5, éd. Rahman, p. 41 *sq.* (éd. Van Riet, p. 83 *sq.*)

123. Cor. LXXIV, 31 (trad. Masson, légèrement modifiée) ; *cf.* trad. Berque : « nous n'avons institué comme ministres du Feu que des anges ».

124. Outre cette tradition, *cf.* Cor. XV, 44, où il est dit, à propos de la Géhenne : « elle a sept portes, dont chacune (prélèvera) parmi eux un lot dûment imparti » (trad. Berque).

125. Il faut préciser « concrets », car l'imagination, dont il va être question, perçoit *elle aussi* les particuliers, mais plus abstraitement (en ce qu'elle reçoit leurs formes abstraction faite de leur présence sensible). La distinction entre les sens externes, l'imaginative et l'estimative ne se fait donc pas au niveau de la

particularité de leur objet, mais plutôt selon que la matière (c'est-à-dire d'abord la présence réelle de l'objet) est requise ou pas.

126. La séquence est donc ici : sens externes, imagination (*ḫayāl*), estimative (*wahm*). Il s'agit d'une version réduite de l'éventail complet des puissances infra-rationnelles, proche de ce qu'on lit dans le *Livre de la genèse et du retour* (*Kitāb al-mabda' wa-l-ma'ād*), III, 8 ; trad. Michot, p. 70 (éd. Nûrânî, p. 102-103). *Cf.* la dernière note supra du § 26.

127. Sans doute pourrait-on traduire plus clairement : « les sept premières », la huitième, qui parachève le tout, étant l'intellect.

INDICATIONS BIBLIOGRAPHIQUES

Sources

ALEXANDRE D'APHRODISE, *De Anima* : De Anima *liber cum* Mantissa, in *Commentaria in Aristotelem Graeca*, éd. I. Bruns, Berlin, Reimer, 1887 (p. 1-100). Traduction française : *De l'âme*, texte grec introduit, traduit et annoté par M. Bergeron et R. Dufour, Paris, Vrin, 2008. *Cf.* traduction italienne : *L'anima*, trad. P. Accattino, P. Donini, Roma, Laterza, 1996; traduction anglaise partielle récente : *On the Soul. Part 1 : Soul as Form of the Body, Parts of the Soul, Nourishment, and Perception*, trad. V. Caston, London-Bristol, Classical Press, 2012. Pour l'édition partielle de la version arabo-hébraïque, voir A. Günsz, *Die Abhandlung Alexanders von Aphrodisias über den Intellekt. Aus handschriftlichen Quellen zum ersten Male herausgegeben und durch die Abhandlung « Die Nûslehre Alexanders von Aphrodisias und ihr Einfluss auf die arabisch-jüdische Philosophie des Mittelalters » ergänzt*, Diss. Berlin, 1886.

– *De Intellectu* : De Anima *liber cum* Mantissa, in *Commentaria in Aristotelem Graeca*, éd. I. Bruns, Berlin, Reimer, 1887 (p. 106-113); cf. *De anima libri mantissa. A new edition of the Greek text with introduction and commentary*, éd. R.W. Sharples, Berlin, De Gruyter, 2008. Traduction anglaise : Alexander of Aphrodisias, *Supplement to "On the Soul"*, trad. R.W. Sharples, Ithaca (NY), Cornell University Press, 2004 (p. 24-44); *cf.* F. M. Schroeder, R.B. Todd, *Two*

Greek Aristotelian Commentators on the Intellect. The De intellectu *Attributed to Alexander of Aphrodisias and Themistius' Paraphrase of Aristotle* De anima *3.4–8*, Toronto, Pontifical Institute of Mediaeval Studies, 1990 (p. 46-58). Traduction italienne : Alessandro di Afrodisia, *De intellectu*, éd. et trad. P. Accattino, Torino, Thélème, 2001. Traduction française du grec : P. Moraux, *Alexandre d'Aphrodise exégète de la noétique d'Aristote*, Liège-Paris, Faculté de philosophie-Droz, 1942 (p. 185-194) ; Alexandre d'Aphrodise, *De l'âme II (Mantissa)*, trad. R. Dufour, Québec, Presses de l'Université Laval, 2013 (p. 17-28). Pour le texte arabe du *De intellectu*, voir J. Finnegan, « Texte arabe du περὶ νοῦ d'Alexandre d'Aphrodise », *Mélanges de l'Université Saint-Joseph*, 33 (1956), p. 159-202 ; et « Maqālat al-Iskandar al-Afrūdīsī fī al-ʿaql ʿalā ra'y Arisṭūṭālīs », *in* ʿA. Badawī (éd.), *Šurūḥ ʿalā Arisṭū mafqūda fī al-yūnāniyya wa-rasā'il uḫrā/Commentaires sur Aristote perdus et autres épîtres*, Beyrouth, Dar el-Machreq, 1971, p. 31-42.

– *In Aristotelis Metaphysica Commentaria*, éd. M. Hayduck, Berlin, Reimer, 1891.

– *In Librum De Sensu Commentarium*, éd. Wendland, Berlin, Reimer, 1901. Traduction anglaise : *On Aristotle On Sense Perception*, transl. A. Towey, London, Duckworth, 1994.

AL-FĀRĀBĪ, *L'épître sur l'intellect*, trad. D. Hamzah, Paris, L'Harmattan, 2001 ; *Épître sur l'intellect (Risāla fī l-ʿaql)*. Introduction, traduction, et commentaire de Ph. Vallat, Paris, Les Belles Lettres, 2012. Pour l'arabe : *Risalat fi 'l-ʿaql*, éd. M. Bouyges, Beyrouth, Dar el-Machreq, [2] 1986.

– *L'harmonie entre les opinions de Platon et d'Aristote*, éd. et trad. F. M. Najjar et D. Mallet, Institut français de Damas, 1999 ; cf. *L'armonia delle opinioni dei due sapienti, il divino Platone e Aristotele*, trad. C. Martini Bonadeo, Pisa, Plus, 2008.

– *Idées des habitants de la cité vertueuse*, Beyrouth-Le Caire, Commission libanaise pour la traduction des chefs-d'œuvre-Institut français d'archéologie orientale. Cf. *Opinions des habitants de la cité vertueuse*, trad. A. Cherni, Albouraq, 2011 ; cf. *Alfarabi on the Perfect State.* Abū Naṣr al-Fārābī's *Mabādi' ārā' ahl al-madīna al-fāḍila*, R. Walzer (ed. and transl.), Oxford, Clarendon Press, 1985.

– *Kitāb al-Alfāẓ al-mustaʿmala fī al-manṭiq* (« Livre des mots utilisés en logique »), éd. M. Mahdī, Beyrouth, 1968.

– *La musique arabe. Grand traité de la musique. Kitābu l-mūsīqī al-kabīr*, trad. Baron Rodolphe D'Erlanger, 6 vol., Paris, Librairie Orientaliste Paul Geuthner, 1930.

– *Le Livre des lettres : Book of Letters (Kitāb al-Ḥurūf)*, éd. M. Mahdi, Beyrouth, Dar el-Machreq, ²1990.

– *Le livre du Régime politique*, introd., trad. et comm. de Ph. Vallat, Paris, Les Belles Lettres, 2012. Cf. *La politique civile ou les principes des existants*, trad. A. Cherni, Albouraq, 2012. Traduction anglaise : Alfarabi, *The Political Writings, II. « Political Regime » and « Summary of Plato's Laws »*, trad. Ch. E. Butterworth, Ithaca and London, Cornell University Press, 2015. Pour l'arabe : *Kitāb al-siyāsa al-madaniyya*, éd. F. M. Najjar, Beyrouth, Dar el-Machreq, ²1993.

– *De l'obtention du bonheur (Taḥṣīl al-saʿāda)*, éd. J. al Yasin (*in* Al-*Fārābī, The Philosophical Works*), Beirut, Dar al-Manahel, 1987 ; trad. fr. (faite sur l'anglais, à l'évidence) : *De l'obtention du bonheur*, trad. O. Sedeyn et N. Lévy, Paris, Allia, 2010.

– *Philosopher à Bagdad au Xe siècle*, Paris, Seuil, 2007.

– *Philosophy of Aristotle (Falsafat Arisṭūṭālīs)*, éd. M. Mahdi, Beirut, Dār Majallat Shi'r, 1961. Traduction anglaise : *Alfarabi, Philosophy of Plato and Aristotle*, introd. et trad. M. Mahdi, Ithaca, New York, Cornell University Press, 2001, p. 71-130.

AL-KINDĪ, *Cinq Épîtres*, Paris, Éditions du CNRS, 1976.

– *Lettre sur l'intellect*, éd. et trad. J. Jolivet, *in* J. Jolivet, *L'intellect selon Kindī*, Leiden, Brill, 1971.

– *Œuvres philosophiques et scientifiques d'al-Kindī*, R. Rashed, J. Jolivet (éd.), vol. 2, Leiden-Boston-Köln, Brill, 1998.

– *The Philosophical Works of al-Kindī*, P. Adamson, P. Pormann (eds.), Oxford, Oxford University Press, 2013.

ARISTOTLE, *Poetics*. Editio maior of the Greek text with Historical Introductions and Philological Commentaries by L. Taràn, D. Gutas, Leiden-Boston, Brill, 2012.

AVERROÈS [IBN RUŠD], *Commentarium magnum in Aristotelis* De anima *libros*, éd. F. S. Crawford, Cambridge (MA), The Medieval Academy of America, 1953. Traduction anglaise : *Long Commentary on the* De anima *of Aristotle*, transl. R.C. Taylor,with Th.-A. Druart (subed.), New Haven-London, Yale University Press, 2009 ; trad. fr. partielle : *L'intelligence et la pensée. Grand Commentaire du* De anima, *Livre III (429a10–435b25)*, trad. A. de Libera, Paris, GF-Flammarion ; traduction allemande partielle : *Über den Intellekt. Auszüge aus seinen drei Kommentaren zu Aristoteles'*De anima. Arabisch, Lateinisch, Deutsch, trad. D. Wirmer, Freiburg-Basel-Wien, Herder, 2008.

– *Averrois Cordubensis Compendia librorum Aristotelis qui Parva naturalia vocantur*, textum arabicum recensuit et adnotationibus illustrauit H. Blumberg, Cambridge (Mass.), The Mediaeval Academy of America, 1972 ; pour la traduction latine médiévale : *Compendia librorum Aristotelis qui Parva naturalia vocantur*, éd. A. L. Shields et H. Blumberg, Cambridge (Mass.), The Medieval Academy of America, 1949.

– *Aristotelis de physico auditu libri octo cum Averrois <...> commentariis*, Venise, apud Junctas, 1562, vol. 4.

– *Le livre du discours décisif*, trad. M. Geoffroy, Paris, GF-Flammarion, 1996.

IBN SĪNĀ [AVICENNE], *al-Shifā'. Al-Ilāhiyyāt (Al-Shifā'. La Métaphysique)*, t. I, livres I-V, éd. par G.C. Anawati et S. Zayed, révision et introduction par I. Madkour ; t. II, livres VI-X, texte établi et édité par M. Y. Mousa, S. Dunya, S. Zayed, révisé et précédé par une introduction du Dr. I. Madkour, à l'occasion du millénaire d'Avicenne, Ministère de la Culture et de l'Orientation [al-Hay'a al-ʿāmma li-šu'ūn al-maṭābiʿ al-amīriyya], Le Caire, 1960. Traduction française : *La métaphysique du Shifā'*, trad. G. Anawati, livres I-V, Paris, Vrin, 1978 ; livres VI-X, Paris, Vrin, 1985 ; trad. anglaise : *The*

Metaphysics of The Healing. A parallel English-Arabic text translated, introduced, and annotated by M. E. Marmura, Provo, Utah, Brigham Young University Press, 2005 ; trad. italienne : Avicenna, *Metafisica. "La Scienza delle cose divine". Dal "Libro della guarigione"*, a cura di O. Lizzini e P. Porro, trad. O. Lizzini, Milano, Bompiani, [2]2006. *Cf.* AVICENNA. *Libro della guarigione. Le cose divine*, A. Bertolacci (a cura di), Utet, Torino 2007. Pour la traduction latine médiévale : *Liber de philosophia prima sive scientia divina*, 1. [livres I-IV]. 2. [livres V-X]. 3. [*Lexiques*]. Édition Critique de la traduction latine médiévale par S. Van Riet, introduction doctrinale par G. Verbeke, Louvain la-Neuve-Leiden, Peeters-Brill, 1977, 1980, 1983.

- *Al-Šifā'. Kitāb al-nafs (Livre de l'âme* du *Šifā') : Avicenna's De Anima (Arabic Text), being the psychological part of Kitāb al-shifā'*, éd. F. Rahman, New York-Toronto, Oxford University Press, 1959. Pour la traduction latine médiévale : *Liber de anima : Liber de anima seu sextus de Naturalibus*, 1 [*livres I-III*] et 2 [*livres IV-V*], édition critique de la traduction latine médiévale par S. Van Riet, introduction doctrinale par G. Verbeke, Louvain-Leiden, Peeters-Brill, 1972, 1968.
- *Al-Šifā'. Al-manṭiq; al-ši'r*, [éd. et intr.] A. Badawī, al-Qā'ira, al-dār al-miṣriyya li-l-ta'ālīf wa-l-tarǧama, 1966-1386 (*Al-Chifā'. La Logique. 9. La Poétique*, texte établi et préface par A. Badawi, Le Caire, Comité pour la Commémoration du millénaire d'Avicenne, 1966).
- *Al-ta'līqāt 'alā ḥawāšī Kitāb al-nafs li-Arisṭāṭālīs (Gloses marginales sur le* De anima *d'Aristote), in* 'A. Badawī (éd.), *Arisṭū 'inda al-'Arab*, Koweït, Wikālat al-maṭbū'āt, [2]1978.
- *Epistola in cui si stabiliscono l'esistenza e la validità delle profezie e l'interpretazione dei simboli e delle immagini che [i profeti utilizzano]*, trad. O. Lizzini, *in* G. Agamben, E. Coccia (dir.), *Angeli. Ebraismo. Cristianesimo. Islam*, Vicenza, Neri Pozza, 2009, p. 1894-1918.

– *Epistola sulla vita futura (al-Risāla l-aḍḥawiyya fī l-ma'ād)*, F. Lucchetta (a cura di), testo arabo, traduzione, introduzione e note, Padova, Antenore, 1969.
– *Kitāb al-Naǧāt fī l-ḥikma l-manṭiqiyya wa-l-ṭabī'iyya wa-l-ilāhiyya*, éd. Fakhry, Beirut, Dār al-afāq al-ǧadīda, 1985. Traduction anglaise partielle : *Avicenna's Psychology. An English Translation of* Kitāb al-najāt, *Book II, chapter VI*, by F. Rahman, Oxford-London, Oxford University Press-Geoffrey Cumberlege, 1952.
– *Livre des définitions* (*Kitāb al-ḥudūd*), éd. et trad. A.-M. Goichon, Le Caire, Institut français d'archéologie orientale, 1963.
Le livre des Théorèmes et des Avertissements, publié d'après les manuscrits de Berlin, de Leyde et d'Oxford et traduit avec éclaircissement par J. Forget, Ire partie. Texte arabe, Brill, Leyde 1892 (*K. al-Ishārāt wa-l-Tanbīhāt*) [réimpr. : Institute for the History of Arabic-Islamic Science at the Johann Wolfgang Goethe University, Frankfurt am Main 1999]. Cf. *Livre des Directives et des remarques* (*Kitāb al-'išārāt wa l-tanbīhāt*), trad. A.-M. Goichon, Beyrouth-Paris, Commission internationale pour la traduction des chefs d'œuvre-Vrin, 1951. Cf. *Ibn Sīnā's Remarks and Admonitions. Part One : Logic*, trad. Sh. C. Inati, Toronto, Pontifical Institute for Mediaeval Studies, 1984; *Ibn Sina and Mysticism. Remarks and Admonitions. Part Four*, trad. Sh. C. Inati, London-New York, Kegan Paul International, 1996; *Ibn Sīnā's Remarks and Admonitions : Physics and Metaphysics*, trad. Sh. C. Inati, New York, Columbia University Press, 2014.
– *Livre de la genèse et du retour* (*Kitāb al-mabda' wa-l-ma'ād*), trad. J. [Y.] Michot, Oxford, 2002; pour le texte arabe : *al-mabda' wa al-ma'âd (The Beginning And The End)* by Ibn Sînâ, éd. A. Nûrânî, Téhéran, 1984.
– *Livre de science* (*Dāneš Nāmeh*), I (Logique et Métaphysique); II (Science Naturelle, Mathématiques), trad. M. Achena et H. Massé, Les Belles Lettres, Unesco, 2 1986.

– « On the Proof of Prophecies and the Interpretation of the Prophet's Symbols and Metaphors », transl. M. Marmura, *in* R. Lerner, M. Mahdi (eds.), *Medieval Political Philosophy : A Sourcebook*, Canada, The free press of Glencoe, Collier Mac Millan Limited, 1963, p. 112-121.

– *Réfutation de l'astrologie*, édition et traduction du texte arabe, introduction, note et lexique par Y. [J.] Michot, Beyrouth, Al-Bouraq, 2006.

– [Recueil d'écrits mineurs attribués à Ibn Sīnā], H. 'Āṣī, *Al-Tafsīr al-Qur'ānī wa-'l-luġa 'l-ṣūfiyya fī falsafat Ibn Sīnā* (*Qur'ānic Exegesis and Mystical Language in Ibn Sīnā's Philosophy*), Bayrūt [Beyrouth], al-Mu'assasa al-ǧāmi'iyya li-l-dirāsat wa-'l-našr wa-'l-tawzī', 1983.

IBN ṬUFAYL, *Ḥayy ibn Yaqẓān*, trad. de L. Gauthier, Beyrouth-[Paris], Éditions de la Méditerranée-Éditions Kitāba, 1981.

PHILOPON, *In Aristotelis De anima Libros Commentaria*, éd. M. Hayduck, Berlin, Reimer, 1897. [Le livre III de cet *in An.*, comme on sait, est considéré comme pseudépigraphe par son éditeur, qui proposait de l'attribuer à Etienne d'Alexandrie ; pour une traduction anglaise de ce Pseudo(?)-Philopon, voir Philoponus, *On Aristotle On the Soul 3.1-8*, trans. W. Charlton, London, Duckworth, 2000. Un autre commentaire au *De anima* III est attribué à Philopon, dont une partie, *in An.* III 4-8, a été conservée dans une traduction latine de Guillaume de Moerbecke : voir Jean Philopon, *Commentaire sur le De anima d'Aristote. Traduction de Guillaume de Moerbecke*, éd. G. Verbeke, Louvain-Paris, PUL-Ed. Béatrice Nauwelaerts, 1966 ; pour une traduction anglaise, voir Philoponus, *On Aristotle On the Intellect*, trans. W. Charlton, London, Duckworth, 1991].

PLOTIN, *Traités 1-54*, traductions sous la direction de L. Brisson et J.-F. Pradeau, 9 vol., Paris, GF-Flammarion, 2002-2010.

PLOTINUS ARABUS, *Théologie d'Aristote (Uṯūlūǧiyyā Arisṭāṭālīs)*, in *Aflūṭīn 'inda l-'arab. Plotinus apud Arabes. Theologia Aristotelis et fragmenta quae supersunt*, éd. 'A. Badawī, Le Caire, ²1966.

THÉMISTIUS, *In Libros Aristotelis* De anima *Paraphrasis* (*Paraphrase du traité De l'âme* d'Aristote), éd. R. Heinze, Berlin, Reimer, 1889 ; pour la traduction arabe médiévale : *An Arabic Translation of Themistius Commentary on Aristoteles De anima*, ed. M. C. Lyons, Oxford, Cassirer, 1973.

Littérature secondaire

La Prophétie et le texte sacré en Islam, la révélation, la philosophie et le langage

ABRAHAM W. J., « Revelation », *in* I. McFarland, D. A. S. Fergusson, K. Kilby, I. R. Torrance (eds.), *The Cambridge Dictionary of Christian Theology*, Cambridge, Cambridge University Press, 2011, p. 445-447.

ARKOUN M., *L'Islam, religion et société : interviews dirigées par Mario Arosio*, trad. de l'italien par M. Borrmans, Paris, Éditions du Cerf, 1982.

– *Pour une critique de la raison islamique*, Paris, Maisonneuve et Larose, 1984.

AZMOUDEH Kh., « Prophétiser », *in* M. A. Amir-Moezzi (dir.), *Dictionnaire du Coran*, Paris, Laffont, 2007, p. 706-708.

BARFIELD R., *The Ancient Quarrel Between Philosophy and Poetry*, Cambridge, Cambridge University Press, 2011.

BORI C., « Un caos senza speranza ? Studiare il Corano oggi », *in* A. L. de Prémare, *Alle origini del Corano*, Roma, Carocci, 2014, p. 11-59.

COOK M., *The Koran. A very short Introduction*, Oxford, Oxford University Press, 2000.

CORBIN H., *Histoire de la philosophie islamique*, Paris, Gallimard, 1986.

ESS J. VAN, « Verbal Inspiration ? Language and Revelation in Classical Islamic Theology », *in* S. Wild (ed.), *The Qur'an as Text*, Leiden-New York-Köln, Brill, 1996, p. 176-194 [*cf.* J. van Ess, « Verbal Inspiration ? », *in* J. van Ess, *Theologie und Gesellschaft*, IV, Berlin-New York, de Gruyter, 1996, p. 612-625].

FAHD T., « Anges, démons et djinns en Islam », in *Génies, anges et démons. Egypte. Babylone. Israël. Islam. Peuples altaïques. Inde. Birmanie. Asie du Sud-Est. Tibet. Chine*, Paris, Seuil, 1971, p. 153-213.

– « Nubuwwa », in *E.I.* ², cf. *Encyclopaedia of Islam, Second Edition*, Edited by P. Bearman, Th. Bianquis, C.E. Bosworth, E. van Donzel, W.P. Heinrichs. http : //dx.doi.org.vu-nl.idm.oclc.org/10.1163/1573-3912_islam_SIM_5964 ; accès en ligne 2012.

— et A. RIPPIN, « Shayṭān », in *E.I.* ² ; cf. *Encyclopaedia of Islam, Second Edition*, Edited by P. Bearman, Th. Bianquis, C.E. Bosworth, E. van Donzel, W.P. Heinrichs. http : //dx.doi.org.vu-nl.idm.oclc.org/10.1163/1573-3912_islam_COM_1054 ; accès en ligne : 2012.

GILLIOT C., « Poète ou prophète ? Les traditions concernant la poésie et les poètes attribuées au prophète de l'islam et aux premières générations musulmanes », *in* F. Sanagustin (éd.), *Paroles, signes, mythes*. Mélanges offerts à Jamal Eddine Bencheikh, Damas, IFEAD, 2001, p. 331-396.

GIMARET D., *Théories de l'acte humain en théologie musulmane*, Paris-Leuven, Vrin-Peeters, 1980.

GRIL D., « Révélation et inspiration », *in* M. A. Amir-Moezzi (dir.), *Dictionnaire du Coran*, Paris, Laffont, 2007, p. 749-755.

GOICHON A-M., *Le récit de Ḥayy ibn Yaqẓān commenté par des textes d'Avicenne*, Paris, Desclée de Brouwer, 1959.

GRUNEBAUM [VON GRÜNEBAUM] G. E. VON, « Iʿdjāz », in *E.I.* ², cf. *Encyclopaedia of Islam, Second Edition*, Edited by P. Bearman, Th. Bianquis, C.E. Bosworth, E. van Donzel, W.P. Heinrichs. http : //dx.doi.org.vu-nl.idm.oclc.org/10.1163/1573-3912_islam_SIM_3484. accès en ligne : 2012.

HEATH M., *Ancient Philosophical Poetics*, Cambridge, Cambridge University Press, 2013.

HEATH P., « Disorientation and Reorientation in Ibn Sīnā's *Epistle of the Bird* », *in* M. M. Mazzoui-V. B. Moreen (eds.), *Intellectual Studies on Islam*. Essays Written in Honor of Martin B. Dickson, Salt Lake City, University of Utah Press, 1990, p. 163-183.

– *Allegory and Philosophy in Avicenna (Ibn Sīnā). With a Translation of the Book of the Prophet Muhammad's Ascent to Heaven*, Philadelphia, University of Pennsylvania Press, 1992.

HEINRICHS W., « Contacts between Scriptural Hermeneutics and Literary Theory in Islam : the Case of Majaz », *Zeitschrift für die Geschichte der arabisch-islamischen Wissenschaften*, 7 (1991-92), p. 254-284.

– « Die antike Verknüpfung von Phantasia und Dichtung bei den Arabern », *Zeitschrift der deutsche morgenländische Gesellschaft*, 128 (1978), p. 252-298.

HUGHES A.W., *The Texture of the Divine : Imagination in Medieval Islamic and Jewish Thought*, Bloomington-Indianapolis, Indiana University Press, 2004.

IZUTSU T., « Revelation as a Linguistic Concept in Islam », *Studies in Medieval Thought. Journal of the Japanese Society of Medieval Philosophy*, 5 (1962), p. 122-167.

– *God and Man in the Koran. Semantics of the Koranic Weltanschauung*, Tokyo, The Keio Institute of Cultural and Linguistic Studies, 1964 [spéc. chap. VII : *Communicative Relation between God and Man (II). Linguistic Communication*). Cf. *God and Man in the Qu'ran. Semantics of the Koranic Weltanschauung*, Kuala Lumpur, Islamic Book Trust, 2002].

KEMAL S., *The Poetics of Alfarabi and Avicenna*, Leiden-New York-Køpenavn-Köln, Brill, 1991.

– *The Philosophical Poetics of Alfarabi, Avicenna and Averroes : The Aristotelian Reception*, London-New York, Routledge, 2003.

KREISEL H., *Prophecy. The History of an Idea in Medieval Jewish Philosophy*, Dordrecht, Kluwer, 2001.

LEAMAN O., *Islamic Aestethics : An Introduction*, Notre Dame, Notre Dame University Press, 2004.

– « Poetry and the Emotions in Islamic Philosophy », *in* A-T. Tymeniecka-N. Mutharoglu (eds.), *Classic Issues in Islamic Philosophy and Theology Today*, Amsterdam, Springer Science and Business Media, 2010, p. 139-150.

LIZZINI O. « Organizzazione, gerarchia e divina ispirazione. Brevi note sulle api nell'Islām », *in* A. Calanchi, L. Renzi, S. Ritrovato (éd.), *Le api tra realtà scientifica e rappresentazione letteraria e artistica* (Atti del Convegno di Studi, Urbino, 28 e 29 ottobre 2009), München, Meidenbauer, 2011, p. 199-217.

MACDONALD D. B., *Ilhām*, in *E.I. 2*; cf. *Encyclopaedia of Islam, Second Edition*, Edited by P. Bearman, Th. Bianquis, C.E. Bosworth, E. van Donzel, W.P. Heinrichs. http : //dx.doi.org.vu-nl.idm.oclc.org/10.1163/1573-3912_islam_SIM_3533; accès en ligne : 2012.

MAHDI M., « Language and Logic in Classical Islam », *in* G. E. von Grünebaum (ed.), *Logic in Classical Islamic Culture*, Wiesbaden, Harrassowitz, 1970, p. 51-83.

MARGOLIOUTH D. S., « The Discussion Between Abū Bishr Mattā and Abu Saʿīd al-Sīrāfī on the Merits of Logic and Grammar », *Journal of the Royal Asiatic Society* (*The Journal of the Royal Asiatic Society of Great Britain and Ireland*), 37 (1905), p. 79-129.

MICHOT [J.] Y., « Revelation », *in* T. Winter (ed.), *The Cambridge Companion to Classical Islamic Theology*, Cambridge, Cambridge University Press, 2008, p. 180-196.

NEUWIRTH A., *Der Koran als Text der Spätantike. Ein europäischer Zugang*, Berlin, Suhrkamp, 2010.

PAGANI S., « Roi ou serviteur ? La tentation du Prophète ou le choix d'un modèle », *Archives de sciences sociales des religions*, sous presse.

POONAWALA I., « Ta'wīl », in *E.I.* [2]; cf. *Encyclopaedia of Islam, Second Edition*, Edited by P. Bearman, Th. Bianquis, C.E. Bosworth, E. van Donzel, W.P. Heinrichs. http://dx.doi.org.vu-nl.idm.oclc.org/10.1163/1573-3912_islam_SIM_7457.

Prémare A. L. de, *Aux origines du Coran. Questions d'hier, approches d'aujourd'hui*, Paris, Téraèdre, 2004.

Rashed M., « Abû Bakr al-Râzî et la prophétie », *M.I.D.E.O.* (*Mélanges de l'Institut Dominicain d'Études Orientales du Caire*), 27 (2008), p. 169-182.

Rippin A., « Devil », *in* J. D. McAuliffe (ed.), *Encyclopaedia of the Qur'ān*, I, Leiden-Boston, Brill, 2001, p. 524-528.

Saaed A., « Revelation », *in* O. Leaman (ed.), *The Qur'an : an Encyclopedia*, New York, Routledge, 2007, p. 540-543.

Stroumsa S., *Free Thinkers in Medieval Islam. Ibn al-Rāwandī, Abū Bakr al-Rāzī, and Their Impact on Islamic Thought*, Leiden-Boston-Köln, 1999.

– « Avicenna's Philosophical Stories : Aristotle's Poetics Reinterpreted », *Arabica*, 39 (1992), p. 183-206.

Urvoy M. Th., « Inimitabilité du Coran », *in* M. A. Amir-Moezzi (dir.), *Dictionnaire du Coran*, Paris, Laffont, 2007, p. 419-420.

– « Prophètes, prophétologie », *in* M. A. Amir-Moezzi (dir.), *Dictionnaire du Coran*, Paris, Laffont, 2007, p. 703-706.

Vagelpohl U., *Aristotle's Rhetoric in the East. The Syriac and Arabic Translation and Commentary Tradition*, Leiden, Brill, 2008.

Versteegh K., *The Arabic Linguistic Tradition*, London-New York, Routledge, 1997.

Wensinck A. J. et Rippin A., « Waḥy », in *E.I.* ^{2} ; cf. *Encyclopaedia of Islam, Second Edition*, Edited by P. Bearman, Th. Bianquis, C.E. Bosworth, E. van Donzel, W.P. Heinrichs. http://dx.doi.org.vu-nl.idm. oclc.org/10.1163/1573-3912_islam_COM_1331

Widenhofer S., « Offenbarung », *in* P. Eicher (éd.), *Neues Handbuch theologischer Grundbegriffe*, vol. IV, München, Kösel, 1991, p. 98-115.

Wild S., « "We have sent down to thee the book with the truth". Spatial and temporal implications of the Qur'anic concepts of nuzūl, tanzīl, and 'inzāl », *in* S. Wild (ed.), *The Qur'an as Text*, Leiden-New York-Köln, Brill, 1996, p. 137-153.

– « Inimitability », *in* O. Leaman (ed.), *The Qur'an : an Encyclopedia*, London and New York, Routledge, 2006, p. 295-296.
ZILIO-GRANDI I., « Satan », *in* M. A. Amir-Moezzi (dir.), *Dictionnaire du Coran*, Paris, Laffont, 2007, p. 790-793.
– *Il Corano e il male*, Torino, Einaudi, 2002.

Avicenne et la tradition philosophique : théorie de la connaissance, prophétie, vérité religieuse et politique

ABDUL HAQ M., « Ibn Sīnā's Interpretation of the Qur'ān », *The Islamic Quarterly*, 32 (1988), p. 46-56.
ACCATTINO P. et DONINI P., « Alessandro di Afrodisia, *De an*. 90. 23 *sq*. A proposito del *nous thurathen* », *Hermes*, 122 (1994), p. 373-375.
AFIFI AL-AKITI M., « The Three Properties of Prophethood in Certain Works of Avicenna and Al-Gazālī », in J. McGinnis, with the assistance of D.C. Reisman (ed.), *Interpreting Avicenna : Science and Philosophy in Medieval Islam*. Proceedings of the Second Conference of the Avicenna Study Group, Leiden-Boston, Brill, 2004, p. 189-212.
AHMAD I., « Ibn Sīnā and the Philosophy of Law and the State », *Jernal Undang-Undang*, 7 (1980), p. 175-199.
ALPER Ö. M., « The Epistemological Value of Scriptural Statements in Avicenna : Can Religious Propositions Provide the Premises of Philosophical Demonstrations ? », *in* T. Kirby, R. Acar, B. Baş (eds.), *Philosophy and the Abrahamic Religions : Scriptural Hermeneutics and Epistemology*, Cambridge, Cambridge Scholars Publishing, 2013, p. 175-190.
ALPINA T., « Intellectual Knowledge, Active Intellect and Intellectual Memory in Avicenna's *Kitāb al-Nafs* and Its Aristotelian Background », *Documenti e Studi sulla tradizione Filosofica Medievale*, 25 (2014), p. 131-183.
ALTMANN, A., « Maimonides and Thomas Aquinas : Natural or Divine Prophecy ? », *Association for Jewish Studies Review*, 3 (1978), p. 1-19.

Āmulī ʿAbd Allāh Djawādī, « Nazar-i Ibn Sīnā dar bāri-i nubuwwāt », *Philosophie. Revue du Département de Philosophie (Université de Téhéran) = MDAUIT*, 5 (1981) Supplément, p. 48-62.

Bazan B. C., « L'authenticité du 'De intellectu' attribué à Alexandre d'Aphrodise », *Revue philosophique de Louvain*, 71 (1973), p. 468-487.

Black D., « The Imaginative Syllogism in Arabic Philosophy. A Medieval Contribution to the Philosophical Study of Metaphor », *Medieval Studies*, 51 (1989), p. 242-67.

– *Logic and Aristotle's "Rhetoric" and "Poetics" in Medieval Arabic Philosophy*, Leiden, Brill, 1990.

– « Estimation in Avicenna : The Logical and Psychological Dimensions », *Dialogue*, 32 (1993), p. 219-58.

– « Avicenna on the Ontological and Epistemic Status of Fictional Beings », *Documenti e studi sulla tradizione filosofica medievale*, 8 (1997), p. 425–453.

– « Estimation and Imagination : Western Divergences from an Arabic Paradigm », *Topoi*, 19 (2000), p. 59-75.

– « Rational Imagination : Avicenna on the Cogitative Power », *in* L. X. Lopez-Farjeat, J. A. Tellkamp (eds.), *Philosophical Psychology in Arabic Thought and the Latin Aristotelianism of the 13th Century*, Paris, Vrin, 2013, p. 59-81.

Blumenthal H. J., « Neoplatonic Interpretations of Aristotle on Phantasia », *Review of Metaphysics*, 31 (1977), p. 242-257.

Bogess W., « Alfarabi and the Rhetoric : The Cave Revisited », *Phronesis*, 15 (1970), p. 86-90.

Butterworth Ch., « The Political Teaching of Avicenna », *Topoi*, 19 (2000), p. 35-44.

Cameron G., « Ibn Sina and the role of prophecy », *in* Z. Safa, *Le livre du millénaire d'Avicenne* : conférences des Membres du Congrès d'Avicenne, 22-27 avril 1954, Téhéran, Imp. Bank Melli Iran, 1956, p. 64-75.

Caston V., « Why Aristotle Needs Imagination », *Phronesis*, 41 (1996), p. 20-55.

– « Aristotle's Two Intellects : A Modest Proposal », *Phronesis*, 44/3 (1999), p. 199-227.

CENTRONE B., « L'etimologia di aletheia e la concezione platonica della verità », *in* F. Bottari (a cura di), *Dignum laude virum*, Trieste, Edizioni università di Trieste, 2011, p. 91-104.

COLE T., « Archaic Truth », *Quaderni Urbinati di Cultura Classica*, n.s. 13 (1983), p. 7-28.

COUESNONGLE V. DE, « La causalité du maximum. L'utilisation par Saint Thomas d'un passage d'Aristote », *Revue des Sciences Philosophiques et Théologiques*, 84 (1954), p. 433-444 ; « La causalité du maximum. Pourquoi Saint Thomas a-t-il mal cité Aristote ? », *ibid.*, p. 658-680.

DAHIYAT I. M., *Avicenna's Commentary on the Poetics of Aristotle. A Critical Study with an Annotated Translation of the Text*, Leiden, Brill, 1974.

DAIBER H., « Salient Trends of the Arabic Aristotle », *in* G. Endress, R. Kruk (eds.), *The Ancient Tradition in Christian and Islamic Hellenism. Studies on the Transmission of Greek Philosophy and Science*, Leiden, Research School CNWS, 1997, p. 29-41.

– « Science Connecting Scholars and Cultures in Khwārazm », *in* W. M. N. Wan Daud, M. Zainiy Uthman (eds.), *Knowledge, Language, Thought and the Civilization of Islam. Essays in Honor of Sayed Muhammad Naquib al-Attas*, Kuala Lumpur, UTM Press, 2010, p. 283-294.

D'ANCONA C., « Aux origines du *Dator formarum*. Plotin, *L'Épître sur la science divine* et al-Fārābī », *in* E. Coda, C. Martini Bonadeo (éd.), *De l'Antiquité tardive au Moyen âge. Etudes de logique aristotélicienne et de philosophie grecque, syriaque, arabe et latine offertes à Henri Hugonnard-Roche*, Paris, Vrin, 2014, p. 381-413.

DAVIDSON H. A., *Alfarabi, Avicenna, Averroes on Intellect. Their cosmologies, theories of the Active Intellect, and Theories of Human Intellect*, New York-Oxford, Oxford University Press, 1992.

DELGADO M., MÉLA C., MÖRI F. (sous la direction de), *Orient-Occident : racines spirituelles de l'Europe. Enjeux et implications de la translatio studiorum dans le judaïsme, le christianisme et l'islam de l'Antiquité à la Renaissance.* Actes du colloque scientifique international 16-19 novembre 2009. Publié avec l'aide du Royal Institute for Inter-Faith Studies (Amman) conseil de l'université de Fribourg (Suisse), Paris, Les éditions du Cerf, 2014.

De Smet D.-Sebti M., « Avicenna's Philosophical Approach to the Qur'ān in the Light of his Sūrat al-Ikhlās », *Journal of Qur'anic Studies*, 11 (2009), p. 134-148.

Djum'a M. 'Alī, « al-nubuwwa wa-l-mu'djiza fī fikr Ibn Sīnā wa-Ibn Rushd », *al-Ma'rifa* [Damas], 32 [n. 3065] (1994), p. 30-47.

Druart Th. A., « Al-Fārābī's Causation of the Heavenly Bodies », *in* P. Morewedge (ed.), *Islamic Philosophy and Mysticism*, New York, State University of New York Press, 1981, p. 35-45.

– « Al-Fârâbî, Ethics and First Intelligibles », *Documenti e Studi sulla Tradizione filosofica medievale*, 8 (1997), p. 403-423.

– « Al-Fârâbî : une éthique universelle fondée sur les intelligibles premiers », *in* X. Dijon (éd.), *Droit naturel : les réponses de l'histoire*, Namur, Presses Universitaires de Namur, 2008, p. 215-232.

Eichner H., « Ibn Sīnā's *Epistle on the Essence of Prayer* [türkische Übs. von Fehrullah Terkan : İbn Sina'nın *Risale fi Mahiyeti's-Salatı*] », in *Uluslararası İbn Sina Sempozyumu Bildiriler*, ed. M. Mazak, N. Özkaya, (İstanbul Büyükşehir Belediyesi Kültür A.Ş. Yayınları), Istanbul, 2009, p. 171-192.

Elamrani-Jamal A., « De la multiplicité des modes de la prophétie chez Ibn Sīnā », *in* J. Jolivet, R. Rashed (éd.) *Études sur Avicenne*, Paris, Les Belles Lettres, 1984, p. 125-142.

Endress G., « The Language of Demonstration : Translating Science and the Formation of Terminology in Arabic Philosophy and Science », *Early Science and Medicine. A Journal for the Study of Science, Technology and Medicine in the Pre-modern Period*, 7/3 (2002), p. 231-254.

– « Platonizing Aristotle : The Concept of Spiritual (*rūḥānī*) as a Keyword of the Neoplatonic Strand in Early Arabic

Aristotelianism », *Studia Graeco-Arabica*, 2 (2012), p. 265-279.
http://www.greekintoarabic.eu/uploads/media/Endress_SGA_II.pdf

EZZAHER Lahcen Elyazghi, *Three Arabic Treatises on Aristotle's* Rhetoric : *The Commentaries of al-Fârâbî, Avicenna, and Averroes*, translation with introduction and notes by Lahcen Elyazghi Ezzaher, Carbondale, Southern Illinois University Press, 2015.

FREDE M., « La théorie aristotélicienne de l'intellect agent », *in* G. Romeyer Dherbey (dir.), *Corps et âme. Sur le* De anima *d'Aristote*, Paris, Vrin, 1996, p. 377-390.

GARDET L., « Quelques aspects de la pensée avicennienne dans ses rapports avec l'orthodoxie musulmane », *Revue Thomiste*, 45 (1939), p. 537-575; 693-742.

– *La pensée religieuse d'Avicenne*, Paris, Vrin, 1951.

– « La notion du prophétisme et les vérités religieuses chez Ibn Sīnā », in *Millénaire d'Avicenne*. Congrès de Bagdad, 1952, p. 39-40.

– *Dieu et la destinée de l'homme*, Paris, Vrin, 1967.

– « Les anges en islam », *Studia missionalia*, 21 (1972), p. 207-227.

GÄTJE H., « Philosophische Traumlehren im Islam », *Zeitschrift der deutsche morgenländische Gesellschaft*, 109 (1959), p. 258-285.

– *Studien zu Überlieferung der aristotelischen Psychologie im Islam*, Heidelberg, Carl Winter, Universitätsverlag, 1971.

GOICHON A.-M., *Lexique de la langue philosophique d'Ibn Sīnā (Avicenne)*, Paris, Desclée de Brouwer, 1938.

GRIFFEL F., « Al-Ghazālī's Concept of Prophecy : the Introduction of Avicenna's Psychology into Ashʿarite Theology », *Arabic Sciences and Philosophy*, 14 (2004), p. 101-144.

– « al-Ghazālī at His Most Rationalist. The Universal Rule for Allegorically Interpreting the Revelation (al-Qānūn al-Kullī fī l-ta'wīl) », *in* G. Tamer (ed.), *Islam and Rationality. The Impact of al-Ghazālī*, Leiden-Boston, Brill, 2015, p. 89-120.

GUTAS D., « Aspects of Literary Form and Genre in Arabic Logical Works », *in* Ch. Burnett (ed.), *Glosses and Commentaries on Aristotelian Logical Texts. The Syriac, Arabic and Medieval Latin Traditions*, London, The Warburg Institute-University of London, 1993, p. 29-76.

– « Avicenna : *De anima* (V, 6). Über die Seele, über Intuition und Prophetie », *in* K. Flasch (hrsg. von), *Interpretationen. Hauptwerke der Philosophie. Mittelalter*, Stuttgart, Reclam, 1998, p. 90-107.

– « Intuition and Thinking : The Evolving Structure of Avicenna's Epistemology », *in* R. Wisnovsky (ed.), *Aspects of Avicenna*, Princeton, Markus Wiener, 2001, p. 1-38 [à l'origine dans *Princeton Papers. Interdisciplinary Journal of Middle Eastern Studies*, 9 (2001), p. 1-38].

– « Avicenna's Marginal Glosses on *De anima* and the Greek Commentatorial Tradition », *Bulletin of the Institute of Classical Studies*, 7, (2004) p. 77-88 ; réimpr. D. Gutas, *Orientations of Avicenna's Philosophy. Essays on his Life, Method, Heritage*, Ashgate/Variorum : Surrey/Burlington, 2014.

– « Intellect Without Limits : The Absence of Mysticism in Avicenna », *in* M. C. Pacheco, J. F. Meirinhos (éd.), *Intellect et imagination dans la Philosophie Médiévale*, Turnhout, Brepols, 2006, p. 351-372.

– « Imagination and Transcendental Knowledge in Avicenna », *in* J. E. Montgomery (ed.), *Arabic Theology, Arabic Philosophy. From the Many to the One : Essays in Celebration of Richard M. Frank*, Peeters-Departement Oosterse Studies, Leuven-Paris-Dudley Ma., 2006, p. 337-354.

– « The Study of Avicenna. Status quaestionis atque agenda », *Documenti e Studi sulla Tradizione Filosofica Medievale*, 21 (2010), p. 45-69.

– « The Empiricism of Avicenna », *Oriens*, 40 (2012), p. 391-436.

– « Avicenna : The Metaphysics of the Rational Soul », *The Muslim World*, 102 (2012), p. 417-425.

– *Avicenna and the Aristotelian Tradition. Introduction to Reading Avicenna's Philosophical Works*, Second, Revised and Enlarged Edition, Including an Inventory of Avicenna's Authentic Works, Leiden, Brill, 2014.

GUYOMARC'H G., *L'unité de la métaphysique selon Alexandre d'Aphrodise*, Paris, Vrin, 2015.

HANSBERGER R. E., *The Transmission of Aristotle's* Parva Naturalia *in Arabic*, Doctoral Thesis, Somerville College, University of Oxford, 2006.

– « How Aristotle Came to Believe in God-given Dreams : The Arabic Version of *De divinatione per somnum* », *in* L. Marlow (ed.), *Dreaming Across Boundaries : The Interpretation of Dreams in Islamic Lands*, Washington, D.C.-Cambridge, MA, Ilex Foundation-Center for Hellenic Studies, 2008, p. 50-77.

– « Kitāb al-Ḥiss wa-l-maḥsūs : Aristotle's *Parva Naturalia* in Arabic Guise », *in* Ch. Grellard, P.-M. Morel (éd.), *Les* Parva naturalia *d'Aristote. Fortune antique et médiévale*, Paris, Publications de la Sorbonne, 2010, p. 143-162.

HARVEY E. R., *The Inward Wits. Psychological Theory in the Middle Ages and the Renaissance*, London, Warburg Institute, 1975.

HASSE D. N., « Das Lehrstück von den Vier Intellekten in der Scholastik : Von den Arabischen Quellen bis zu Albertus Magnus », *Recherches de théologie et philosophie médiévales*, 66 (1999), p. 21-77.

– *Avicenna's "De anima" in the Latin West. The Formation of a Peripatetic Philosophy of the Soul 1160-1300*, The Warburg Institute-Nino Aragno, London-Torino, 2000.

– « Avicenna's Epistemological Optimism », *in* P. Adamson (ed.), *Interpreting Avicenna*, Cambridge, Cambridge University Press, 2013, p. 109-119.

HEATH P., *Allegory and Philosophy in Avicenna (Ibn Sina) : With a Translation of the Book of the Prophet Muhammad's Ascent to Heaven*, Philadelphia, University of Pennsylvania Press, 1992.

HORTEN M., *Texte zu dem Streite zwischen Glauben und Wissen im Islam. Die Lehre vom Propheten und der Offenbarung bei den islamischen Philosophen Farabi, Avicenna und Averroes*, Bonn, H. Lietzmann, 1913.

IVRY A. L., « An Evaluation of the Neoplatonic Elements in al-Fārābī and Ibn Sīnā's Metaphysics », *Acts of the International Symposium on Ibn Türk, Khwārezmī, Fārābī, Beyrunī, and Ibn Sīnā*, Ankara, 9-12 September 1985, Türk Tarih Kurumu Basimevi [Turkish Historical Soceity Edition], Atatürk Culture Center Publications, 1990, p. 135-145.

JANOS D., *Method, Structure, and Development in Al-Fārābi's Cosmology*, Leiden, Brill, 2011.

JANSSENS J., « Avicenna and the Qur'ān. A Survey of His Qur'ānic Commentaries », *Mélanges de l'Institut Dominicain d'Études Orientales*, 25-26 (2004), p. 177-192.

– « The Notions of *wāḥib al-ṣuwar* (Giver of forms) and *wāḥib al-ʿaql* (Bestower of intelligence) in Ibn Sīnā », *in* M. C. Pacheco, J. F. Meirinhos (éd.), *Intellect et imagination dans la Philosophie médiévale*, Turnhout, Brepols, 2006, vol. I, p. 551-562.

– « Al-Farabi : La religion comme imitation de la philosophie », *in* M. Delgado, C. Méla, F. Möri (dir.), *Orient-Occident : racines spirituelles de l'Europe...*, p. 497-512.

– « Foi et raison chez Avicenne », *in* M. Delgado, C. Méla, F. Möri (dir.), *Orient-Occident : racines spirituelles de l'Europe...*, p. 513-527.

JOLIVET J., « L'Intellect selon al-Fārābī : quelques remarques », *Bulletin d'Études Orientales*, 29 (1977), p. 251-259.

KAYA M. C., « Prophetic Legislation : Avicenna's View of Practical Philosophy Revisited », *in* T. Kirby, R. Acar, B. Baş (eds.), *Philosophy and the Abrahamic Religions : Scriptural Hermeneutics and Epistemology*, Cambridge, Cambridge Scholars Publishing, 2013, p. 205-224.

LAVAUD L., *D'une métaphysique à l'autre. Figures de l'altérité dans la philosophie de Plotin*, Paris, Vrin, 2008.

LINGUITI A., « Immagine e concetto in Aristotele e Plotino », *Incontri triestini di filologia classica*, 4 (2004-2005), p. 69-80.

LIZZINI O., « *Intellectus, intelligentia, mens* in Avicenna », *in* E. Canone (a cura di), *Per una storia del concetto di mente*, I, Istituto del CNR Lessico Intellettuale Europeo e Storia delle Idee, Roma-Firenze, L. S. Olschki, 2005, p. 123-165.

– « L'"Epistola sulle divisioni delle scienze intellettuali" di Avicenna. Alcune note sulla definizione e la collocazione della profetologia e della psicologia », *in* S. Caroti, R. Imbach, Z. Kaluza, G. Stabile, L. Sturlese (eds.), *Ad Ingenii Acuitionem*. Studies in Honour of Alfonso Maierù, Louvain-la-Neuve, Fédération Internationale des Instituts d'Études Médiévales, 2007, p. 235-262.

– « L'angelologia filosofica di Avicenna », *in* G. Agamben, E. Coccia (a cura di), *Angeli. Ebraismo. Cristianesimo. Islam*, Vicenza, Neri Pozza, 2009, p. 1844-1874.

– *Fluxus (fayḍ). Indagine sui fondamenti della metafisica e della fisica di Avicenna*, Bari, Edizioni di Pagina, 2011.

– « Avicenna : the Pleasure of Knowledge and the Quietude of the Soul », *Quaestio*, 15 (2015), p. 265-273.

– « Human Knowledge and Separate Intellect », *in* L. Lopez-Farjeat, R. Taylor (eds.), *The Routledge Companion to Islamic Philosophy*, London-New York, Routledge, 2015, p. 285-299.

LLOYD A. C., « The Principle that the Cause is greater than its Effect », *Phronesis*, 21/2 (1976), p. 146-156.

LOPEZ-FARJEAT L. X., « Avicenna and Thomas on Natural Prophecy », *American Catholic Philosophical Quarterly*, 88 (2014), p. 309-333.

LUCCHETTA F., « Le Dieci questioni di Avicenna », *Quaderni di Studi Arabi*, 19 (2001), p. 101-134.

MARMURA M., « Avicenna's Psychological Proof of Prophecy », *Journal of Near Eastern Studies*, 22 (1963), p. 49-56.

– « Plotting the Course of Avicenna's Thought », *Journal of the American Oriental Society*, 111 (1991), p. 333-342.

– « Avicenna's Theory of Prophecy in the Light of Ash'arite Theology », *in* W. S. Mc Cullough (ed.), *The Seed of Wisdom.* Essays in Honour of T. J. Meek, University of Toronto Press, Toronto 1964, p. 159-178 ; réimpr. M. E. Marmura, *Probing in Islamic Philosophy. Studies in the Philosophies of Ibn Sīnā, al-Ghazālī and Other Major Muslim Thinkers*, State University of New York at Binghamtom, Global Academic Publishing, Binghamtom University, 2005, p. 197-216.

– « Avicenna and the Traditional Islamic Belief », *in* R. C. Taylor, I. Omar (eds.), *The Judeo-Christian-Islamic Heritage Philosophical and Theological Perspectives*, Milwaukee, Marquette University Press, 2012, p. 173-192.

McGinnis J., « New Light on Avicenna : Optics and its Role in Avicennan Theories of Vision, Cognition and Emanation », *in* L. X. López-Farjeat, J. A. Tellkamp (eds.), *Philosophical Psychology in Arabic Thought and The Latin Aristotelianism of the 13th Century*, Paris, Vrin, 2013, p. 41-57.

Merlan Ph., *Monopsychism, Mysticism, Metaconsciousness. Problems of the Soul in the Neoaristotelian and Neoplatonic Tradition*, The Hague, M. Nijhoff, 1969.

Michot J. R. [Y.], « Paroles d'Avicenne sur la sagesse », *Bulletin de Philosophie Médiévale*, 19 (1977), p. 45-49.

– « L'Épître d'Avicenne sur le parfum », *Bulletin de Philosophie Médiévale*, 20 (1978), p. 53-58.

– « Le commentaire avicennien du verset : "Puis Il se tourna vers le ciel…". Édition, traduction, notes », *Mélanges de l'Institut Dominicain d'Études Orientales*, 14 (1980), p. 317-328.

– « Les questions sur les états de l'esprit. Problèmes d'attribution et essai de traduction critique », *Bulletin de Philosophie Médiévale*, 24 (1982), p. 44-53.

– « De la joie et du bonheur. Essai de traduction critique de la section II, 8 des "Ishârât" d'Avicenne », *Bulletin de Philosophie Médiévale*, 25 (1983), p. 49-60.

– « "L'épître sur la connaissance de l'âme rationnelle et de ses états" attribuée à Avicenne. Présentation et essai de traduction », *Revue Philosophique de Louvain*, 82 (1984), p. 479-499.
– « Prophétie et divination selon Avicenne. Présentation, essai de traduction critique et index de l'Épître de l'âme de la sphère », *Revue philosophique de Louvain*, 83 (1985), p. 507-535.
– « Avicenna's "Letter on the disappearance of the vain intelligible forms after death". Presentation and translation », *Bulletin de Philosophie Médiévale*, 27 (1985), p. 98-103.
– « Cultes, magie et intellection : l'homme et sa corporéité selon Avicenne », *in* Ch. Wénin (éd.), *L'homme et son univers au Moyen Age. Actes du congrès international de Philosophie médiévale* 30-août-4 septembre 1982, Louvain-la-Neuve, 1986, p. 220-233.
– *La destinée de l'homme selon Avicenne. Le retour à Dieu (maʿād) et l'imagination*, Louvain, Peeters, 1986.
– « L'*Épître sur la disparition des formes intelligibles vaines après la mort* d'Avicenne. Édition critique, traduction et notes », *Bulletin de Philosophie Médiévale*, 29 (1987), p. 152-170.
– « A Mamluk Theologian's Commentary on Avicenna's *Risāla Adhawiyya* : Being a Translation of a Part of the *Dar' al-taʿārud* of Ibn Taymiyya with Introduction, Annotation, and Appendices », Part I, *Journal of Islamic Studies*, 14 : 2 (2003) p. 149-203 ; Part II, *Journal of Islamic Studies*, 14 : 3 (2003), p. 309-363.
– « Le riz trop cuit du Kirmānī. Présentation, édition, traduction et lexique de l'Épître d'Avicenne contestant l'accusation d'avoir pastiché le Coran », *in* F. Daelmans, J.-M. Duvosquel, R. Halleux, D. Juste (éd.), *Mélanges offerts à Hossam Elkhadem par ses amis et ses élèves*. Archives et bibliothèques de Belgique. Archief- en Bibliotheekwezen in België. Numéro Spécial. Extra Nummer 83, Bruxelles 2007, p. 81-129.
MORAUX P., *Alexandre d'Aphrodise exégète de la noétique d'Aristote*, Liège-Paris, Faculté de philosophie-Droz, 1942.

– « Le *De Anima* dans la tradition grecque. Quelques aspects de l'interprétation du traité, de Théophraste à Thémistius », *in* G. E. R. Lloyd, G. E. L. Owen (eds.), *Aristotle on Mind and the Senses*, Cambridge, Cambridge University Press, 1978, p. 281-324.

Morris J. W., « The Philosopher-Prophet in Avicenna's Political Philosophy », *in* Ch. Butterworth (ed.), *The Political Aspects of Islamic Philosophy* : Essays in Honor of M. S. Mahdi, Cambridge (Mass.), Harvard University Press, 1992, p. 152-198.

Nasr S. H., « Ibn Sīnā's Prophetic Philosophy », *in* M. Aminrazavi, S. H. Nasr (eds.), *The Islamic Intellectual Tradition in Persia*, Curzon Press, Richmond, Surrey 1996, p. 76-91 [*cf.* London-New York, Routledge, 2015 ; déjà in *Cultures*, 5 [n. 4] (1980), p. 302-307].

Papadis D., « "L'intellect agent" selon Alexandre d'Aphrodise », *Revue de philosophie ancienne*, 9 (1991), p. 133-151.

– *Die Seelenlehre bei Alexander von Aphrodisias*, Bern, Peter Lang, 1991.

Pines S., « The Arabic recension of *Parva Naturalia* and the Philosophical doctrine concerning veridical dreams according to the *al-Risāla al-Manāmiyya* and other sources », *Israel Oriental Studies*, 4 (1974), p. 104-152.

Rahman F., *Prophecy in Islam : Philosophy and Orthodoxy*, London, Allen and Unwin, 1958 [The University of Chicago Press, Midway Reprint 1979].

– « Le rêve, l'imagination et ʿālam al-mithāl », *in* R. Caillois, G. E. Von Grunebaum (dir.), *Le rêve et les sociétés humaines*, Paris, Gallimard, 1967, p. 407-417.

Ramón Guerrero R., « Metafísica y profecía en Avicena », *Anales del Seminario de Historia de la Filosofía*, 8 (1990-1991), p. 87-112.

Rashed M., « Abû Bakr al-Râzî et la prophétie », *Mélanges de l'Institut Dominicain d'Études Orientales du Caire*, 27 (2008), p. 169-182.

– *Alexandre d'Aphrodise, Commentaire perdu à la "Physique" d'Aristote (Livres IV-VIII). Les scholies byzantines*, Berlin, De Gruyter, 2011.

REISMAN D. C., « Avicenna's Enthymeme : A Pointer », *Arabica*, 56 (2009), p. 529-542.

RIST J. M., « Notes on Aristotle *De anima* 3.5 », *Classical Philology*, 61 (1966), p. 8-20.

ROSEN S., *The Quarrel Between Philosophy and Poetry. Studies in Ancient Thought*, New York-London, Routledge, 1998.

ROSENTHAL E. I. J., « Some observations on the philosophical theory of prophecy in Islam », *in* G. C. Anawati, A. J. Arberry, H. V. Bailey *et al.* (éd.), *Mélanges d'orientalisme offerts à Henri Massé à l'occasion de son 75 e anniversaire*, Téhéran, Université de Téhéran 1963, p. 343-352.

SCHOFIELD M., « Aristotle on the Imagination », *in* G.E.R. Lloyd, G.E.L. Owen (eds.), *Aristotle on Mind and the Senses*, Cambridge, Cambridge University Press, 1978, p. 99-141 (réimpr. *in* M. C. Nussbaum-A. Oksenberg Rorty (eds.), *Essays on Aristotle's De anima*, with an additional essay by M.F. Burnyeat, Oxford, Clarendon Press, 1992 [1995], p. 249-277).

SCHROEDER F. M., « The Analogy of the Active Intellect to Light in the "De Anima" of Alexander of Aphrodisias », *Hermes*, 59 (1981), p. 215-225.

– « Light and the Active Intellect in Alexander and Plotinus », *Hermes*, 112 (1984), p. 239-248.

— et R. B. TODD, « The *De intellectu* Revisited », *Laval théologique et philosophique*, 64/3 (2008), p. 663-680.

SEBTI M., *Avicenne. L'Ame humaine*, Paris, Presses Universitaires de France, 2000.

– « Le statut ontologique de l'image dans la doctrine avicennienne de la perception », *Arabic Sciences and Philosophy*, 15 (2005), p. 109-140.

– « L'analogie de la lumière dans la noétique d'Avicenne », *Archives d'histoire doctrinale et littéraire du Moyen âge*, 73 (2006), p. 7-28.

– « Réceptivité et spéculation dans la noétique d'Avicenne », *in* D. De Smet, M. Sebti, G. de Callataÿ (éd.), *Miroir et Savoir. La transmission d'un thème platonicien, des Alexandrins à la philosophie arabo-musulmane.* Actes du colloque international tenu à Leuven et Louvain-la-Neuve, les 17 et 18 novembre 2005, Louvain, Leuven University Press, 2008, p. 145-171.

– « La doctrine politique d'Avicenne ou quand le philosophe déserte la cité », *in* M. Nachi (dir.), *Actualité du compromis*, Paris, Armand Colin, 2011, p. 224-239.

SHIHADEH A., « Aspects of the Reception of Avicenna's Theory of Prophecy in Islamic Theology », *Proceedings of the American Catholic Philosophical Association*, 86 (2012), p. 23-32.

TAMER G., « Politisches Denken in pseudoplatonischen arabischen Schriften », *Mélanges de l'Université Saint-Joseph*, 57 (2004), p. 303-335.

TORRELL J.-P., *Recherches sur la théorie de la prophétie au Moyen Âge. XIIe-XIVe siècles*, Fribourg, Éditions universitaires Fribourg Suisse, 1992.

TREIGER A., *Inspired Knowledge in Islamic Thought. Al-Ghazālī's Theory of Mystical Cognition and its Avicennian Foundation*, London-New York, Routledge, 2012.

TWETTEN D., « Aristotelian Cosmology and Causality in Classical Arabic Philosophy and its Greek Background », *in* D. Janos (ed.), *Ideas in Motion in Baghdad and Beyond : Philosophical and Theological Exchanges between Christians and Muslims in the Third/Ninth and Fourth/Tenth Centuries*, Leiden, Brill, 2015, p. 312-433.

– « Arabic Cosmology and the Physics of Cosmic Motion », *in* L. López Farjeat, R. C. Taylor (eds.), *Routledge Companion to Islamic Philosophy*, New York, Routledge, 2016, p. 156-167.

VAJDA G., « Les notes d'Avicenne sur la "Théologie d'Aristote" », *Revue thomiste*, 51 (1951), p. 346-406.

VALLAT PH., *Farabi et l'Ecole d'Alexandrie. Des prémisses de la connaissance à la philosophie politique*, Paris, Vrin, 2004.

– « Vrai philosophe et faux prophète selon Farabi. Aspects historiques et théoriques de l'art du symbole », *in* D. De Smet, M. Sebti, G. de Callataÿ (éd.), *Miroir et Savoir. La transmission d'un thème platonicien, des Alexandrins à la philosophie arabo-musulmane*, Louvain, Presses universitaires de Louvain, 2008, p. 117-143.

WAKELNIG E., « Die Rolle des Aktiven Intellektes in der Prophetie bei Farabi und Maimonides », *in* J. Thon (ed.), *The Claim of Truth in Religious Contexts*. Results of an Interdisciplinary Workshop of the Graduate School "Society and Culture in Motion" (Halle/Saale), Halle, Zirs (Zentrum für Interdisziplinäre Regionalstudien), 2009, p. 51-60.

WISNOVSKY R., « Towards a History of Avicenna's Distinction between Immanent and Transcendent Causes », *in* D. Reisman, A. al-Rahm (eds.), *Before and After Avicenna*, Leiden, Brill, 2003, p. 49-68.

– *Avicenna's Metaphysics in Context*, Ithaca (NY), Cornell University Press, 2003.

ZINE M. Ch., « L'interprétation symbolique du verset de la lumière chez Ibn Sīnā, Ghazālī et Ibn 'Arabī et ses implications doctrinales », *Arabica*, 56, 6 (2009), p. 543-595.

TABLE DES MATIÈRES